元宇宙发展研究

清博研究院　编著

电子工业出版社
Publishing House of Electronics Industry
北京 · BEIJING

内 容 简 介

本书聚焦元宇宙的定义，从属性、技术与产业链、应用场景、发展风险点等方面进行详细介绍，同时回应了有关元宇宙的热点问题，并展望了元宇宙的未来。本书涵盖 6 个部分。第 1 部分从国内学者对元宇宙的讨论开始，总结元宇宙的概念、构建步骤和属性，介绍元宇宙给社会带来的变化。第 2 部分从人的"感知六识"入手，介绍元宇宙的生态系统和核心技术，阐述由此形成的产业链。第 3 部分从数字经济、工业、农业、医疗等领域入手，介绍元宇宙的应用场景。第 4 部分介绍元宇宙在发展过程中面临的风险点，以及如何从政府和市场两个方面进行治理。第 5 部分针对公众关心的 7 个元宇宙热点问题进行回应。第 6 部分对人类文明提出信效等级，并展望元宇宙的未来发展。本书适合对元宇宙感兴趣的读者，以及研究相关领域的科研人员和政府人员。

图书在版编目（CIP）数据

元宇宙发展研究 / 清博研究院编著. — 北京：电子工业出版社，2022.7

ISBN 978-7-121-43893-6

Ⅰ．①元… Ⅱ．①清… Ⅲ．①信息经济－研究 Ⅳ．①F49

中国版本图书馆 CIP 数据核字(2022)第 118233 号

责任编辑：张佳虹

印　　刷：天津千鹤文化传播有限公司
装　　订：天津千鹤文化传播有限公司
出版发行：电子工业出版社
　　　　　北京市海淀区万寿路 173 信箱　邮编：100036
开　　本：720×1 000　1/16　印张：19.25　字数：246.4 千字
版　　次：2022 年 7 月第 1 版
印　　次：2022 年 7 月第 1 次印刷
定　　价：79.00 元

凡所购买电子工业出版社图书有缺损问题，请向购买书店调换。若书店售缺，请与本社发行部联系，联系及邮购电话：（010）88254888，88258888。

质量投诉请发邮件至 zlts@phei.com.cn，盗版侵权举报请发邮件至 dbqq@phei.com.cn。

本书咨询联系方式：（010）88254493，zhangjh@phei.com.cn。

编 委 会

主　　编：黄丽媛

副 主 编：张　洵

编委成员：张寅雪、刘　可、裴怡静、田　婕

前　言

　　2021 年，随着元宇宙迎来突破性发展机遇，VR/AR/MR、裸眼3D、物联网、机器人、脑机接口等元宇宙产业的龙头企业争相布局，元宇宙概念一时间火爆全球。元宇宙是一种超越现实的虚拟宇宙。主流观点认为，元宇宙是包括区块链、5G、人工智能、3D、VR/AR/XR、脑机接口等目前人类最尖端科学技术的综合运用。学界将元宇宙定义为"整合多种新技术产生的下一代互联网应用和社会形态"。基于扩展现实技术和数字孪生技术实现时空拓展性，基于 AI 和物联网实现自然人、虚拟人和机器人的人机融生性，基于区块链、Web 3.0、数字藏品/NFT 等实现经济增值性。在社交系统、生产系统、经济系统上虚实共生，每个用户可进行世界编辑、内容生产和数字资产自所有。推动建设元宇宙将解决空间、时间等稀缺资源的限制，刺激新一轮的科技革命，挖掘从现实到虚拟的多个产业潜力，促进数字经济蓬勃发展。

　　目前，我们正处于元宇宙的初级阶段，技术应用仍在不断发展，但因其市场前景广阔、应用领域场景丰富，资金大幅流入，成为科技领域新的焦点。为适应 Web 3.0 时代，社会各界广泛探索元宇宙的未来发展，清博研究院基于《元宇宙发展研究报告 2.0 版》[1]进行拓展性研究，从元宇宙的概念、属性阐述，到生态系统、核心技术、应用场景、产业链等方面进行归纳梳理，同时结合元宇宙发展过程中可能面临的风险点给予多方面的治理建议，展望元宇宙的未来发展。

---

[1] 2022 年 1 月，清华大学新闻与传播学院新媒体研究中心沈阳教授团队发布《元宇宙发展研究报告2.0 版》，本书已获授权。

01 概念与属性
第一章

02 元宇宙技术与产业链
第二章

04 第四章　风险点及治理

05 第五章　热点七问

06
第六章
未来展望

第 1 章
概念与属性

第一节　元宇宙的概念及构成

随着互联网的发展和移动智能终端的普及，当今人类的生产、生活、娱乐与数字产业息息相关，以构建未来虚拟世界为目标的元宇宙已成为 2021 年广受关注的互联网概念之一，并引发国际学术界的广泛讨论。

一、国内学界对元宇宙的思考

目前，国内多位专家/学者从技术发展、传播媒介和教育功能等方面讨论了元宇宙的定义、特征与应用场景。早在 2001 年，清华大学新闻与传播学院创建人之一熊澄宇教授在《新媒介与创新思维》一书中收录了《雪崩》节选，并提出人工智能、人机交互等新媒介概念不仅是科学技术的进步，而且体现着人类的创新思维能力。北京师范大学新闻传播学院喻国明教授[1]从媒介化社会的角度提出，"元宇宙是集成与融合现在与未来全部数字技术于一体的终极数字媒介，它将实现现实世界和虚拟世界的连接革命，进而成为超越现实世界的、更高维度的新型世界。"浙江大学传媒

---

[1] 喻国明，耿晓梦. 何以"元宇宙"：媒介化社会的未来生态图景[J/OL]. 新疆师范大学学报（哲学社会科学版），2022（03）：1-8.

与国际文化学院杜骏飞教授[1]从数字交往与认知哲学的角度提出了元宇宙虚拟、实践、变易、扩展的"分身认知"，讨论了跨体系、变维、多分身的生存模式。武汉大学信息管理学院副教授吴江[2]从信息资源管理的角度，提出元宇宙中的用户信息行为研究可以从用户、信息、技术 3 个维度展开，实现更有效的信息资源管理与用户行为理解，以促进元宇宙的应用推广与风险管理。

除学术研究外，不少学者针对元宇宙研究主题发布学术报告。例如，北京大学汇丰商学院管理学教授魏炜及其团队发布《元宇宙 2022——蓄积的力量》报告，对元宇宙核心技术与产业生态作出较为全面的描述与梳理；中国传媒大学新媒体研究院院长赵子忠及其团队在《2022 元宇宙研究报告：多元视角》中，探讨了科幻、科学、企业、产业、技术、媒体视角下的元宇宙；复旦大学新闻学院邓建国教授及其团队在《化身与智造：元宇宙座标解析》报告中提出，未来元宇宙会成为"元素型媒介"。

二、概念

通过国内外学者的讨论及研究，可以总结元宇宙具备以下特点。一是元宇宙是三维化的互联网，通过 XR、数字孪生等技术实现。二是三维时空催生虚拟人和高仿人机器人，虚拟人和高仿人机器人依靠 AI 实现。三是虚实空间和个体的本体存在创造经

---

[1] 杜骏飞. 数字交往论（2）：元宇宙，分身与认识论[J]. 新闻界，2022（01）：64-75.

[2] 吴江，曹喆，陈佩，等. 元宇宙视域下的用户信息行为：框架与展望[J]. 信息资源管理学报，2022，12（01）：4-20.

济活动，依靠区块链、Web 3.0、数字藏品/NFT 等技术或机制实现。

综合现有观点，本书认为，元宇宙是整合多种新技术产生的下一代互联网应用和社会形态，基于扩展现实技术和数字孪生技术实现时空拓展性，基于 AI 和物联网实现虚拟人、自然人和机器人的人机融生性，基于区块链、Web 3.0、数字藏品/NFT 等技术或方式实现经济增值性，在社交系统、生产系统、经济系统上虚实共生，每个用户可进行世界编辑、内容生产和数字资产自所有。

三、标准的元宇宙构建步骤

虚拟空间与现实空间是相互联系、相互影响的依存关系。通过文献研究及业界分析，基于虚拟空间与现实空间的逻辑关系，本节将元宇宙的构建分为数字孪生型、虚拟原生型、虚实共生型、虚实联动型 4 类。

1. 数字孪生型

数字孪生是指将现实世界镜像到虚拟世界中，在虚拟世界建立包括人、物品、环境等要素在内的拟真的动态孪生体，如百度地图泰山 AR 导航（见图 1-1）。这个阶段，现实世界的生产过程和需求结构尚未改变。人们普遍认为，现实世界的活动才有价值，虚拟世界内的活动是对现实世界的模拟；现实世界与虚拟世界泾渭分明，是两个平行的空间。数字孪生型元宇宙的典型应用是数字孪生城市，即通过构建城市现实世界（即物理空间）与虚拟世界（即网络空间）对应、相互映射、协同交互的复杂系统，在网络空间再造一个与之匹配、对应的孪生城市，实现对物理空间内城市全要素的数字化模拟，从而进行可视化、实时化、可计算的管理[1]。在数字孪生关系中，物理空间是绝对的主体，网络空间不具有独立性的体验价值。虽然数字孪生型元宇宙的模拟、预测结果会对物理空间的设计、管理产生影响，但其只是一个认识、改造物理空间的辅助工具，构建的重点在于真实性、科学性和信息安全性。

在应用场景上，数字孪生型元宇宙可以提供智能管理平台，如城市规划管理人员可将多个规划管理方案置入数字孪生城市，进行更真实、精细的比对。

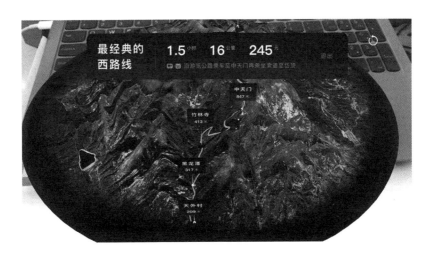

图 1-1　百度地图泰山 AR 导航

[1] 庄存波，刘检华，熊辉，等. 产品数字孪生体的内涵、体系结构及其发展趋势[J]. 计算机集成制造系统，2017，23（4）：753-768.

2. 虚拟原生型

虚拟原生是指虚拟世界中的人或物能够自动生成并运转起来（如自己的虚拟分身、物品等），不需要借助现实世界的场景。此类虚拟世界打造的目标是体验全新的虚拟世界，满足现实世界无法实现的需求，通常注重创造性。虚拟世界的范围大于现实世界，更多现实世界中没有的场景将存在于虚拟世界。例如，百度发布的国内首个元宇宙产品希壤（见图 1-2），是由百度 VR 打造的一个可互动的虚拟空间，举办了"百度 Create AI 开发者大会"，通过"虚拟+现实"的沉浸式交互方式，发布百度在人工智能、自动驾驶、智能交通、量子计算、生物计算等多个领域的技术进展与应用，并邀请全球开发者和创造者参与。

图 1-2　百度希壤

3. 虚实共生型

虚实共生是指现实世界中的信息与虚拟世界中的信息融合，且能相互共生。现实世界中的每一个个体通过真实的自己产生学习、工作、投资、创造和消费等行为，而数字孪生体则在虚拟世界中产生创造、游戏、体验、交易、投资等行为，现实世界与虚拟世界平等共同发展，如电影《西蒙妮》中用计算机合成的虚拟女明星（见图1-3）。随着计算机仿真模拟技术的持续提升，现实世界的空间和时间符号逐渐增值。数字技术不仅将虚拟世界变得更真实，而且将改造现实世界的生产过程，现实世界与虚拟世界相互促进，两个世界逐渐产生更多交集。

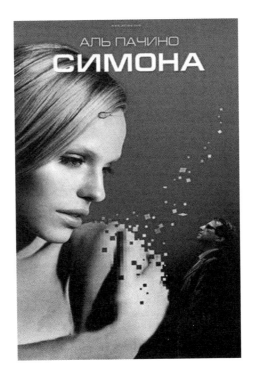

图 1-3　电影《西蒙妮》中用计算机合成的虚拟女明星

4. 虚实联动型

虚实联动是指通过 AI 技术支撑高仿人机器人和虚拟人，并与现实世界中的自然人进行交互。同时，场景和资产也构成广泛的虚实联动。未来，"虚实共生"的新世界将构建在区块链技术和数字孪生技术之上。区块链技术为元宇宙提供了一个开放、透明、去中心化的协作机制，加上数字孪生技术，能够彻底打通现实世界和虚拟世界之间的界限，实现二者的有机融合[1]。《Ingress》（见图1-4）由Niantic公司开发，是一款将虚拟世界与现实世界的地理位置信息相结合的手机游戏，运用了虚拟环境与真实地图相结合的技术，需要配合手机定位获取玩家手机当前的GPS信息，玩家行走到某个特定地点，就可以在游戏中发现传送门、神秘能量或其他物品，从而进行下一步操作。

图1-4　《Ingress》游戏页面

---

[1] 郭全中. 元宇宙的缘起、现状与未来[J]. 新闻爱好者，2022（01）：26-31.

第二节 元宇宙的三大属性

一、时空拓展性

宇：汉字形声字，从"宀"，读音为"yǔ"，意为屋檐，泛指房屋，如宇下；也指国土、疆土，如故宇；还指风度、仪表，如眉宇。《三苍》记载"四方上下曰宇，古往今来曰宙"，便是古人对时空想象的朴素见证。宙：汉字，从"宀"，读音为"zhòu"，指国际地质年代表中延续时间最长的第一级地质年代单位。根据动物化石出现的情况，将整个地质埋藏分为动物化石稀少的隐生宙和动物化石大量出现的显生宙。中国古代名作《说文解字》中曾提及："宙，舟舆所极覆也。"其本真原始的意义是古往今来的所有时间。"宇""宙"二字合并，添加科技意义和想象翅膀，链接先进的发展技术，在崭新构建的元宇宙世界，时空依然是那个时空，时空已然不是那个时空。

德国古典哲学创始人康德曾说："时空仅仅是感觉的条件，是感官知觉的形式，是我们知觉事物的方式。因此，时空只有在被应用到被知觉的事物、表象或现象之时才具有效性，应用于物自体或独立于我们知觉的事物之时，就是无效的。我们不能超出经验世界来运用他们。"然而，鸿蒙之初窥见深邃宇宙，当熟悉的时间变成陌生的数据和算法模型，回溯之门真正开启，将过去、现在和未来搭成一座可以连通的桥；当空间真正实现无限，主体可以并行存在于多元宇宙……元宇宙对现实世界中空间和时间展开多重延伸，一个逼近现实且超越现实的新世界跃然呈现之时，我们对新世界的思考，不妨切换到另一个角度。

1. 元宇宙的空间拓展性

在元宇宙的世界中，静态空间与动态空间分别对应了现实世界中的静止空间和移动空间。元宇宙静态空间的拓展性集中体现在地产空间拓展、诗意空间拓展、记忆空间拓展、梦境空间拓展4个方向。

众所周知，元宇宙在极大程度上重构了房地产行业，越来越多的投资者和公司购买虚拟住宅和商业房地产，普通用户想要和偶像或明星做邻居的愿望虽然在现实世界中很难实现，但只要在元宇宙中轻点确认键，完成房屋租赁或购买，便可拎包入住成为偶像或明星的邻居。法国哲学家加斯东·巴什拉在《空间的诗学》中指出，空间并非填充物体的容器，而是人类意识的居所。在元宇宙中，我们能够垂钓、休憩、诗意地栖居，空间也在无意中构建我们的审美。现实世界中那些对人具有特殊意义的静止空间，往往伴随着时间的流逝，要么被拆除，要么"面目全非"。然而，无论是童年时期的家宅，还是其他重要意义的处所，那些曾经在记忆中鲜活的每一个环境和地点，都能够在元宇宙中得到最大程度的拓展，人们可以在元宇宙中置身故居，回忆从前，体味那些在不经意间流逝却难以重现的独家记忆。如果说打破现实物理限制和经济束缚已难能可贵，那么，超越人本身，可以走进自己的梦境，创造"清醒梦"又是一种怎样的体验呢？所谓"清醒梦"，就是一个人能够清楚地意识到自己在做梦。在元宇宙中，有睡眠困扰的用户可以躺在床上，在梦境中与睡眠专家进行实时交流，解决睡眠中的问题。《庄子·齐物论》中曾记载："昔日庄周梦为蝴蝶，栩栩然蝴蝶也。"大意是说，我（庄周）做梦变成了蝴蝶，翩翩起舞，究竟是我做梦变成了蝴蝶，还是蝴蝶做梦变成了我。抛开美学意义和道家思想这些文化因素，我们在元宇宙中所要探讨的是元宇宙对梦境的实用性提升作用，即用户在元宇宙中的梦境是可记录、可追溯的。我们能够查询自己在梦境中做过什么，甚至可以拿着梦境中医生开具的药方，治疗现实世界中的睡眠问题。"清醒梦"的工作机制见图1-5。

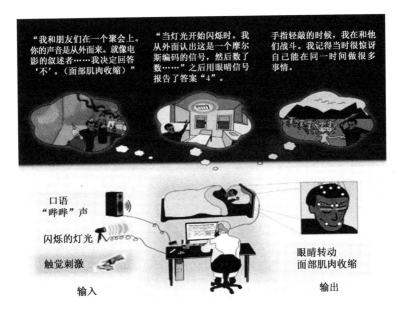

图 1-5　"清醒梦"的工作机制

　　元宇宙的动态空间摆脱了传统物理空间的局限，静态空间在元宇宙世界中能够处于移动状态，房屋可以飞行，楼梯可以移动，空间的固定型可以被打破，如电影《飞屋环游记》中的飞屋（见

图 1-6）可以撤掉气球，每个人都能拥有如电影《哈尔的移动城堡》
中的"移动城堡"（见图 1-7），那些曾经只能出现在魔法世界或
电影屏幕的想象空间都可以在元宇宙中实现。

图 1-6　电影《飞屋环游记》

图 1-7　电影《哈尔的移动城堡》

2. 元宇宙的时间延伸性

元宇宙中有两种时间概念：一种是对于有时序流动的元宇宙，其时间相当于设计者开发内置的系统读秒器；另一种是对于时间存在跳转、中断甚至逆序的元宇宙，其时间适用于体验者心理感受时间。

元宇宙中的时间整体呈现以下 3 个特性。

一是元宇宙能够模拟现实世界的春夏秋冬、十二时辰的变化，且时间的变化可以由平台设定或由用户自行编辑。我们常讲，"春风桃李花开日，秋雨梧桐叶落时。"元宇宙里的时间塑造可以呈现与现实世界一致的节律性。

二是时间的广延性。在元宇宙中，信息在时间上得到自由延展，被保存下来，供不同时间和空间的人使用。例如，对家族历史的了解可以通过构建已故祖辈的虚拟人物，配合具体场景，通过祖辈讲述、后辈实时参与的形式，实现时间层面的延展。

三是时间的重启性。上文提到，时间属性在元宇宙中大概率由设计者决定。这就意味着设计者有可能在元宇宙中弱化时间的概念，以至于用户在元宇宙中体验时长和心理感受失去规律，呈现重启性、断层性、非线性特征。当重启性、断层性和非线性成为可能，也就意味着虚拟人与高仿人机器人可以让人类进行多元宇宙体验，就如"盗梦空间"一般，用户可以在元宇宙中启动一个子元宇宙。

二、经济增值性

元宇宙经济增值性的显著特征就是"两条腿走路"的双轨并行机制。从作为开端的元宇宙数字资本到作为结果的经济价值增值，其实现过程主要依靠虚拟原生增值和虚实共生增值两条路径。虚拟原生增值主要负责数字系统内部的自循环工作，围绕数字使用价值、数字交换价值和数字附加价值使数字系统内部实现良性循环，最终实现虚拟经济收益。虚实共生增值则横跨两个世界（现实世界和虚拟世界），将元宇宙与实体产业资本循环紧密联系，通过转移、互补、演替等各种战略，最终实现真实经济收益。

1. 虚拟原生增值

虚拟人及其衍生使用价值（见图 1-8）创造是元宇宙的数字使用价值创造的生动例证。虚拟人作为元宇宙数字经济的行为主体，只有通过虚拟人的经济价值行为，才能实现虚拟原生增值。若虚拟人的经济行为是为了满足生产生活的基本需求时，其创造的价值属于数字使用价值。虚拟人基于数字身份、虚拟房地产、数字劳动、数字消费和社交互动等所蕴含的稀缺性价值实现自身及其衍生使用价值。

虚拟人在元宇宙有很多工作可以做。例如，投资虚拟房地产，包括虚拟住宅、虚拟办公楼和虚拟公共场馆的建设工作；从事数字劳动工作，要么化身"数字打工人"，要么体验"数字躺平"慢生活。如果想进行数字消费，可以选择购买虚拟服饰、进行虚拟出行；如果想进行社交互动，可以参加虚拟演唱会、召开数字会议、参加数字课程。在现实世界中能做的，在元宇宙中同样可以做；在现实世界中不能做的，不妨给元宇宙一个机会，借助强大的算力支撑和技术运维，说不定就能带给我们无数的惊喜。这些工作共同交织，或创造数字使用价值，或实现虚拟人自身及其衍生使用价值的创造，构成了元宇宙世界中的虚拟原生增值现状。

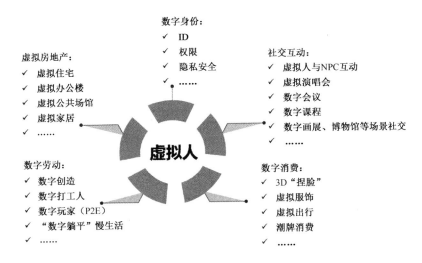

数字身份：
✓ ID
✓ 权限
✓ 隐私安全
✓ ……

虚拟房地产：
✓ 虚拟住宅
✓ 虚拟办公楼
✓ 虚拟公共场馆
✓ 虚拟家居
✓ ……

社交互动：
✓ 虚拟人与NPC互动
✓ 虚拟演唱会
✓ 数字会议
✓ 数字课程
✓ 数字画展、博物馆等场景社交
✓ ……

数字劳动：
✓ 数字创造
✓ 数字打工人
✓ 数字玩家（P2E）
✓ "数字躺平"慢生活
✓ ……

数字消费：
✓ 3D"捏脸"
✓ 虚拟服饰
✓ 虚拟出行
✓ 潮牌消费
✓ ……

虚拟人

图 1-8　虚拟人及其衍生使用价值

数字交换价值创造体现在 3 个方面，分别是作为交换媒介的数字货币、作为交换标的物的数字资产，以及在中美交换价值中由于价值差所带来的增值差异（即数字价值体系）。

元宇宙数字货币之所以能够成为交换媒介，是因为其具有以下特征。一是具有价值属性，元宇宙内的任何商品都可以一定数量的数字货币表现出来。二是具有良好的流通属性，数字货币可以作为虚拟商品交换的媒介。三是具有共识性，社区参与者认可该数字货币的经济模型。四是具有流动性，可与法定货币或现实资产进行兑换，拥有便利的交易场所。五是具有合规性，数字人民币是中国互联网的合规数字货币。

数字资产被称为交换标的物的原因：元宇宙中的数字资产与现实世界中的资产一样，是以"可交易"为前提，且隐含产权属性。只不过为了更加细致地进行区分，我们基于生产方式，把元宇宙中的数字资产区分为专业生产资产（PGA）、用户生产资产

（UGA）和人工智能生产资产（AIGA）3 类。

在数字价值体系的创造过程中，中国和美国在确权、流通和增值等环节存在显著差异。美国的数字货币为加密货币，其确权和流通环节主要依靠"公有链+NFT"，增值环节通过交换价值和币值波动增值合力完成，具有很高的风险。中国的数字货币为数字人民币，确权和流通环节主要依靠"联盟链+数字藏品"，增值环节通过交换价值的增值来完成。

元宇宙中的数字附加价值是指由于信息的创意创造驱动所产生的异质性价值，其来源于内容、定制、情感等产生的附加溢价。数字附加价值主要体现为体验价值、创意价值、传播价值、变现价值和资本价值 5 类。体验价值是用户参与的基础。与互联网经济不同，用户进入元宇宙不为获取信息，而是以虚拟人身份主动进入具有真实性及社会临场感的场景中，用户可以表达自己的情感并参与经济活动生产。元宇宙增强了信息中的创意创造的重要性，创意价值是从供给角度内生的附加值。不同于现实经济中的科技创新，元宇宙更重视别具一格的想法，并且更具开放性（所思即所能）。元宇宙重塑了传播价值，为参与者提供了知识传播的新场景。创意方与用户在完成产品所有权转移的同时，还能实现流量、传播力的交易，从而诞生新的细分市场并产生传播价值。用户在元宇宙中进行体验、创意和传播，其最终目的是获得变现价值。元宇宙的变现价值体现在用户行为本身能够基于特定机制产生可变现的实质价值。未来，元宇宙将涌现越来越多的数字资产，出于资产配置多元化的需求，将会有更多的传统资本在该领域布局，这正是元宇宙资本价值所在。

2. 虚实共生增值

从虚拟世界走向元宇宙，其中最典型的就是移动互联网向元宇宙升级。无论是跨平台升级、互联网升级，还是治理机制的升级，背后都蕴藏着虚拟世界价值拓展与分配工作的矛盾和冲突。而元宇宙参与实体经济循环则表现为元宇宙有能力对接现实世界的第一产业、第二产业和第三产业，横跨全产业链，纵览全产业图景，最终实现元宇宙与现实产业的深度融合（见图1-9）。

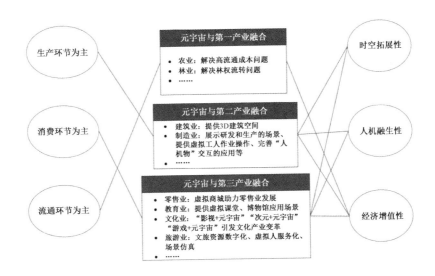

图 1-9 · 元宇宙与现实产业的深度融合

元宇宙与第一产业的融合主要以流通环节为主，主要为经济增值性服务。例如，帮助农业解决高流通成本问题，帮助林业解决林权流转问题等。元宇宙与第二产业的融合主要以生产环节为主，与第二产业的融合兼顾了时空拓展性、人机融生性和经济增值性。例如，为建筑业提供 3D 建筑空间，为制造业展示研发和生产场景、提供虚拟工人作业操作、完善"人机物"交互的应用等。元宇宙与第三产业的融合主要以消费环节为主，兼具了时空拓展性、人机融生性和经济增值性。例如，虚拟商城助力零售业发展；通过提供虚拟课堂、博物馆应用场景助力教育行业发展；延续曾经"互联网+"的创造热情，推动"影视+元宇宙""次元+元宇宙""游戏+元宇宙"等各类文化产业变革；通过文旅资源数字化升级，以及提供专业的虚拟人服务和"眼见为实"的仿真场景，消弭在场和不在场的界限，让旅游行业真正"更上一层楼"。

三、人机融生性

人机融生性属性在感知升维、能力拓展和需求满足方面有很好的体现。元宇宙世界的具身体验提升工作主要通过 VR 技术内生虚拟和 AR 技术外拓现实两个方面来实现。人在元宇宙中经过技术加持，实现了真正意义上的"三身合一"。自然真身（自然人）、虚拟分身（虚拟人）、机械假身（机器人，如高仿人机器人）各行其是的同时也能"三身合一"，将个人能力最大限度地开发。在自然人之外，元宇宙链接了虚拟人和高仿人机器人，主要从事虚拟沉浸工作和现实探索工作。

1. 虚拟人多空间、多线程分身

自然人在与整个元宇宙（普适计算）的融合与交互中，获得了感知力、决策力、行动力的增强，其结果是人在由实向虚的迁移过程中所坍缩的现实活动空间，将由智能物联网和机器人填补，于是出现了元宇宙社会中，自然人、虚拟人、机器人三者共融共生。虚拟人拓展了自然人在虚拟空间的能力，机器人拓展了自然人在现实空间的能力。

之所以会出现自然人、虚拟人、机器人三者共融共生，是因为当自然人进入虚拟空间,将会以虚拟人的形象呈现。常规来讲,1 个自然人拥有虚拟空间中的 1 个实时化身,该实时化身由自然人本体操纵,是自然真身行为的一对一实时映射。1 个自然人还能拥有 N 个多线程虚拟分身。例如,在生活上的虚拟人可以在虚拟空间和虚拟朋友一起聚会;在工作上的虚拟人可以代表自己前往虚拟学术报告厅参加年度学术报告;在感情方面,虚拟人可以陪自己的虚拟女友在元宇宙商场购物。当 AI 能力弱时,上述场景需要部分实时操作;当 AI 能力强时,上述场景可自主交互。可根据自然真身已有的行为模式和交流方式提前设计,或利用化身形象录制好相应的虚拟分身行为,用于有固定应答模式的内容沟通。自然真身则能够在同一时间休闲或处理其他问题。虚拟分身的行为数据将反馈给自然真身。如此一来,多线程虚拟分身的存在,就能够实现让我们在相同时间点的多个事项、多个场景同时出现。设想一下,你在外地工作,在家里由你的高仿人机器人全天候陪伴父母,你随时可以调出高仿人机器人的记忆数据,了解其与父母的相处情况。你可以远程接入家中的高仿人机器人,与高仿人机器人的动作和语言实时同步,高仿人机器人可以替你和父母聊天,甚至帮父母捶背、与父母拥抱等。自然真身、虚拟分身和机械假身之间一旦完成数据交流和选择性同步,"三身合一"之后,人的生产效能、感知能力、执行效力都将大幅度提升。然而我们不得不面临的一个伦理悖论,即在你的异地恋伴侣与你的虚拟分身或机械假身长时间的互动下,存在他/她更喜欢你的虚拟分身或机械假身的可能。

2. "三身合一"引发的伦理反思

另一个不可忽视的问题是"三身合一"的畅享固然美好，但是基本的科技道德和法律规范并不能因为跳脱了现实世界就毫不顾及。在元宇宙中同样坚持"前台匿名，后台实名"的原则，也就是说，自然真身的多线程虚拟分身和机械假身要能溯源和对应至自然人本体，自然人对由其设定与统一管控的虚拟分身和机械假身的行为负责。当对应的自然人死亡，其虚拟分身和机械假身作为自然人的数字遗产呈现，不应再具备行为主体性。同样，虚拟人与高仿人机器人也不能违反人类社会的法律及伦理规范。元宇宙"三身合一"的呈现机制如图 1-10 所示。

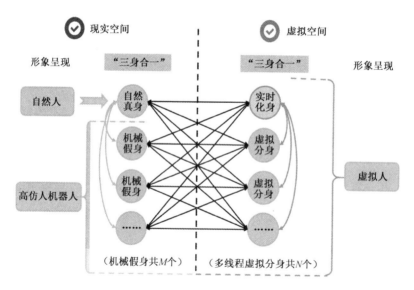

自然真身、虚拟分身和机械假身之间可进行数据交流和选择性同步

图 1-10 元宇宙"三身合一"的呈现机制

第三节 元宇宙的四大拓展

元宇宙作为一种整合多种新技术而产生的下一代互联网应用和社会形态,基于扩展现实技术和数字孪生技术实现时空拓展性,使生存空间、感官体验、视角维度、思想实践 4 个方面都得到了极大的拓展。

一、生存空间的拓展

通过身份设定、场景设置、事物建构等手段,借助 AI、虚拟现实、区块链、大数据等技术,人类在元宇宙中以可视化、现实化的数字图景实现了生存空间的拓展,满足了社交、娱乐、工作等现实生活与元宇宙的无差别切换,元宇宙提供了"跨虚实""跨生死"的生存空间拓展。以往人类的生存空间局限于现实世界,元宇宙的出现使人类的生存空间拓展至虚拟世界,实现了"虚实无界""生死无界"。

1. 元宇宙跨越虚实构建全息空间

元宇宙基于扩展现实技术和数字孪生技术,依托于 AI、物联网等技术,融合区块链、NET、Web 3.0 等技术跨越虚实构建全息的物理空间,上至太空,下至深海,横跨极地之光、山川之秀、人文景观、自然风貌,纵贯古今长河、秦王汉武、唐元明宋,目之所及，目之无所及，皆被镜像至元宇宙，形成各自的数字孪生体。与此同时，元宇宙将在虚拟层面淡化或擦除自然人无法在现实生活中完成的地理界限（如快速、便捷的空间位移），从而在虚拟世界中生成一套高精度、高密度的物理空间场景拼图[1]。

当带有现实色彩的个人化身数字符号进入元宇宙以后，其现实的物理空间便得到了解放，可随时随地、不受限制地周游世界、遨游太宇。此外，在强大的虚拟现实技术的加持下，人们置身于元宇宙可产生身临其境之感，充分展现身体的"在场"。简而言之，元宇宙解放了身体的局限，缩小了空间的缝隙，使人类的遨游无需现实，而仅需想象。《星际穿越》电影截图见图1-11。

图1-11　《星际穿越》电影截图

元宇宙除构建物理空间外，其社会属性上的空间重塑也发生着改变。元宇宙的基本主体是符号化的数字人，元宇宙中的数字

---

[1] 蒲清平，向往. 元宇宙及其对人类社会的影响与变革[J/OL]. 重庆大学学报（社会科学版），2022（04）：1-12.

人除了没有真实的碳基或硅基身体的"AI 数字人"（即人工数智体），还包括以人为模板、以人的意识为主体的"意识上传的真人"。也就是说，元宇宙拥有一套与现实社会类似的操作体系，以实现人为了生存和发展而衍生出来的社会治理诉求。元宇宙在社交系统、生产系统、经济系统上虚实共生，每个用户可进行世界编辑、内容生产和数字资产自所有，一个自下而上内生式的社会空间结构由此产生[1]。

2. 元宇宙超越生死，创造"永恒"生命

元宇宙作为虚拟和现实相结合的产物，以生命个体作为载体，以虚拟技术作为支撑，实现自然真身、虚拟分身和机械假身的"三身合一"。除自然人外，元宇宙还链接虚拟人和高仿人机器人，丰富了生命的意义。在元宇宙中，生与死的界限将逐渐消弭，生命不再是一个有限的时段，而是一个"永恒"的存在。

元宇宙超越生死可以分为 3 个阶段。第一个阶段，自然人主动进入元宇宙，投身虚拟世界，意识流动与创造经由个体主导，如电影《失控玩家》所描述的场景（见图 1-12）。第二个阶段，个体操纵机器人。元宇宙中，个体可以将自己的意识植入机器人中，让机器人代替个体完成工作，此时，个体意识的流动性更加明显。例如，当一个人将自己的意识植入机器人中，他的意识就不再属于个体独有，其他人也可用自己的方式操纵具有他人意识的机器人，意识的流动不再局限于人机的单向流动，而是"机—人"双向流动。第三个阶段，个体可舍弃肉身，将意识存于元宇

---

[1] 胡泳，刘纯懿. "元宇宙社会"：话语之外的内在潜能与变革影响[J]. 南京社会科学，2022，（01）：106-116.

宙中。虚拟世界的虚拟主体可被反复下载和使用，在这个阶段，生命也就达到了"永恒"。

图 1-12　《失控玩家》电影截图

二、感官体验的拓展

印刷时代，报纸延伸了人类的视觉，大大增加了眼睛这个感觉器官的优势，使得视觉得到拓展。电子时代，广播延伸了人类的听觉，人类的感知器官也从眼睛主导逐步转向耳朵主导。20 世纪 30 年代，声画结合的电视产品延伸了人类的视觉和听觉，人类的感知系统更加平衡。进入互联网时代，人类的感官体验朝着综合性的方向发展。然而，无论是报纸，还是广播、电视，抑或是互联网，都是现实世界的媒介产品在影响着人类的感官接受，而非感觉机理。不管接受形式如何改变，大脑的信息接收过程并没有发生改变，中枢神经系统的感觉系统也没有发生改变。同时，不同的媒介产品影响着人类的不同感官，会导致人类的感官体验变得混杂无序。

　　元宇宙会使人类的感觉机理发生变化。与现实生活中的感觉产生过程不同，通过智能眼镜、智能头盔与脑机接口等设备进入元宇宙后，如电影《头号玩家》中展示的情景（见图 1-13），感觉器官的功能会被直接输入人脑的数字信号所取代。这意味着，人在未接收到来自身体内部与外部的真实刺激的情况下，便能够在元宇宙中获得感觉，并且以不同的场景与事件为基点，向人脑输入数字信号，这让人可以超越时空限制和个体特征局限，体验到视觉、听觉、触觉、嗅觉与味觉等多种感觉的综合刺激[1]。个体对移动互联网的视觉和听觉拓展为视觉、听觉、触觉、温度等方方面面的感官体验，进行了无限丰富和延伸。也就是说，在元宇宙的状态下，身体不仅仅是一个物理实体，还充当信息交流的角色，俨然成为传播体系的一个重要组成部分。

图 1-13　《头号玩家》电影截图

　　在元宇宙的状态下，除身临其境的感官刺激外，其神经系统乃至心智也会受到影响，从而表现为身体的深度参与。在元宇宙中，经由媒介环境的构建，每个个体都可参与世界编辑和内容生

---

[1] 蒲清平, 向往. 元宇宙及其对人类社会的影响与变革[J/OL]. 重庆大学学报（社会科学版），2022（04）：1-12.

产，可根据自己的需要选择和创建场景空间，以此达到现实经验与虚拟认知的统合，从而获得新的认知与经验，将"意识所想"转化为"感官可达"[1]。通俗来讲，个体将现实经验、感觉、认知带入元宇宙，进行新的生产和创造；在元宇宙中获得的经验与思考，也会影响现实世界中个体的感觉与认知，个体的神经系统和心智发展在元宇宙中螺旋式上升和更新。

三、视角维度的拓展

现实世界中，自然人看世界都是第一人称主视角（FPV）。因为个体的局限，看待事物的角度也存在局限，是真正意义上的"当局者迷"。而在元宇宙中，虚拟人的离身交互赋予了自然人第三人称视角，从而重构了个体看待周围环境的方式。虚实相融、时空再构是元宇宙概念中的核心命题，其中，虚实相融是元宇宙的外在呈现，时空再构则是元宇宙的内隐特征[2]。从这两个命题来看，元宇宙通过用户的虚拟分身体连接了虚拟和现实两个空间，打破了时间和空间的界限，从而呈现多元化的场景；自然人超脱了自身的视觉生态，体验不同生态位的感受。

纵观互联网发展，从 Web 1.0 的文字论坛到 Web 2.0 的语音通话，再到基于 4G 的视频时代，人类看待事物的方式与对事物的认知在不断更新。尽管媒介产品的迭代不断刺激着人类的感官，

---

[1] 张洪忠，斗维红，任吴炯. 元宇宙：具身传播的场景想象[J]. 新闻界，2022（01）：76-84.

[2] 喻国明，耿晓梦. 何以"元宇宙"：媒介化社会的未来生态图景[J/OL]. 新疆师范大学学报（哲学社会科学版），2022（03）：1-8.

使人类从中获得了前所未有的经验,但是不管技术如何改变,都是二维的存在,没有脱离肉身,也无法跨越时空真正达到身临其境。三维的场景传播赋予人类认知的具身性,VR 技术的场景构建与 AR 技术的增强现实为场景传播释放了更多的潜能。人类可以穿古越今,连接过去与未来,贯穿宇宙和自然,不断汇集各个节点的资源,并以镜像化的方式展现,人类的视角从单一的历时认知到多元的共时认知。

此外,在元宇宙中,每个个体都可以参与世界编辑和内容生产。数字孪生技术赋予了个体新型主体,增强了人类的主体性。个体在与其他主体的交互体验中,通过算法捕捉认知感受。个体与个体的交流,实际是意识与意识的碰撞,而当意识以镜像化的方式展现,认知的重合与再生就会进行新的创造。元宇宙是集思广益的摇篮,也是群策群力的聚集地。此时,人类除能够多维地看待事物外,还可以群体探讨,充分发挥"群氓的智慧"。人类将自我意识与他人意识进行自由而充分地结合,从而获得新的角度。

四、思想实践的拓展

元宇宙世界意在打破虚拟和现实的边界并进行融合,在虚实相融的环境中,人的感知范围不再局限于自身所处的时空,而是向多维时空转变,与此同时,人类的思维实践也从认识宇宙逐步向创造宇宙发展[1]。先前,探索宇宙是人类的主要目标;元宇宙

---

[1] 闫佳琦,陈瑞清,陈辉,等. 元宇宙产业发展及其对传媒行业影响分析[J]. 新闻与写作,2022(01):68-78.

的来临改变了人类的思维视角和思想实践，创建宇宙和探索宇宙变得同等重要，两者相辅相成，个体的思想实践也趋向于"思想在现实、实践在虚拟"的两栖化。

"思想在现实"主要指两个方面。一方面，人类的思想源自对现实世界的思考，人类的认知对象是现实世界。唯物辩证法认为，物质是世界的本源，物质具有第一性。任何虚拟技术的发展都基于现实世界的实践，任何思想的形成都离不开物质。在虚拟与现实相融合的元宇宙中，人类的思想同样来源于客观世界，人类所从事各种丰富的物质活动和社会活动，所实现的个体追求和社会价值，本质上都是基于自然界的物质基础。另一方面，元宇宙主体是具有认知能力的个体，只有人类才具有意识，才能产生思想，在目前的元宇宙生态中，自然人依然是主体。

"实践在虚拟"指人类对于现实世界的思考可以在元宇宙中进行实践。在元宇宙中，虚拟世界与现实世界紧密结合。借助 VR 技术赋予人类视觉、听觉、触觉等身体感官的高度仿真体验；利用 AR 技术搭建虚拟场景，使虚拟世界不断向现实世界外拓，其结果是现实世界不能完成的实验可以在虚拟场景完成。人类思想超越现实局限，在元宇宙中得以升华。百慕大三角、尼斯湖水怪、泰坦尼克号沉没等世界十大未解之谜或许也可以在元宇宙中找到答案。

第四节 虚实和谐

每一次技术革命都会带来社会结构、机制及关系的联动变革。元宇宙作为技术的新起之秀，融合了主观创造的虚拟世界和客观存在的现实世界，实际反映了人类社会数字化的迁徙过程，即信息社会、体验社会、共生社会 3 个阶段。随着人类社会的不断变迁，人与信息的关系也由简单的信息获取转变为信息连接，再由信息连接过渡至信息体验，最后达到体验连接。人与信息的关系见图 1-14。

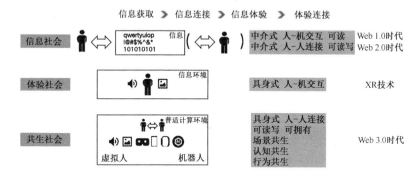

图 1-14 人与信息的关系

信息社会主要是指网络发展中的 Web 1.0 时代和 Web 2.0 时代。在 Web 1.0 时代，互联网得以飞速发展，其最早的用途是传递信息，人与机器可交互，人通过机器传递信息，人与信息的关系呈现中介式的特征。在这个阶段，人与机器之间仅仅是可读的模式。在 Web 2.0 时代，人与人相互连接，可以通过机器直接传递信息。在该阶段，人不仅可以通过机器阅读信息，而且可以编辑信息，人机之间也由可读模式逐步转变为可读写模式。

体验社会的发展以 XR（扩展现实）技术作为支撑，XR 技术包括 AR（增强现实）技术、VR（虚拟现实）技术及 MR（混合现实）技术。利用硬件设备，结合多种智能技术手段，将虚拟的内容与真实的场景相融合，使人与信息之间呈现具身性的特征。人类通过智能头盔、传感器等设备，可以身临其境地感受信息，以第一人称主视角，充分调动感觉器官，沉浸式体验信息。

共生社会依赖于 Web 3.0 时代。Web 3.0 时代的基础是语义网络，与此相对应的是高度发达的智能技术。在 Web 3.0 时代，除了人与机器可以进行交互，人与人之间也可以进行交互，虚拟世界得以革命性发展。媒介产品的高速迭代不仅完成了虚拟世界的现实化，而且加速了虚拟世界的发展，将原本只处于想象中的虚拟世界，通过高级的数字技术和显示技术展现在人们眼前，完成了元宇宙中必不可少的"人机互动"和"人人互动"[1]。元宇宙状态下的社会是共生社会，在这个社会中，实现了人-机连接、人-人连接，信息传递也由信息社会的可读写模式转变为沉浸式的可读写模式和可拥有模式。依托数字孪生技术、VR 技术构建场景，实现场景共生；借助搭建的虚拟实验室，实现认知共生；利用元宇宙虚实融合技术，实现行为共生。

---

[1] 方凌智,沈煌南. 技术和文明的变迁——元宇宙的概念研究[J]. 产业经济评论，2022，（01）：5-19.

一、三重需求

虚构性的想象及将其转化为真实的体验一直是人类文明的底层冲动。这一冲动的根源来自人类哲学意义上的三重需求，这三重需求主要包括存在性需求、物质性需求和社会性需求。

1. 存在性需求

存在性需求是人类社会活动的原始性需求，包括人存于世的唯一性和自然规律的限定性。海德格尔曾言："存在是什么？存在就是存在本身。""存在"指的是存在物的涌现、显示，而非具体的、确定的存在者。没有存在就没有存在者，但存在本身并不是存在者，"存在总是存在者的存在"[1]。简而言之，人类有了存在，才有需求，存在是人类发展最重要的条件之一。

一方面是人存于世的唯一性。海德格尔的存在哲学认为，人是被抛入这个世界的，上帝、科学、理性、道德等与人都不相干，也就是说，他们都不能告诉我们生活的真理、生活的方式，同时，他们对人也没有任何的控制和约束作用。此外，"抛入"具有唯一性，人生无法重启，生命的终点是死亡。正如米兰·昆德拉在《不能承受的生命之轻》中所说："人只能活一次，既不能拿它跟前世相比，也不能在来生加以修正。……只能活一次，就像根本没有活过一样。"

另一方面是自然规律的限定性。世间万物都有自己的规律，

---

[1] 郭晓鸣. 论逻辑哲学的两个基本问题——以海德格尔的存在哲学为视角[J]. 武汉科技学院学报，2008，（05）：99-105.

不管是人类世界，还是自然世界，抑或是超时空的世界，都有自己内部运行的规则。这些规则是事物本身的、固有的联系，具有不以人类意志为转移的客观性。海德格尔认为，个体的存在即是世界的存在。世界受制于内部的规律，因而个体也受制于自身的制约。万事万物都不可能永久地存在于现实世界，而是根据规律不断地进化、更新乃至衰退，直至死亡。正如陀思妥耶夫斯基所说："二加二等于四，这是数学啊……不管你们是否喜欢它的规律。你们不得不接受它，因此也不得不接受它的结论。"太阳东升西落，时间规律流转，命运的转盘没有因为谁有过停留，而人生的道路也无法重启和暂停，世界万物都具有唯一性，一旦生命的车轮划过，就再也没有第二次选择的机会。

2. 物质性需求

物质性需求主要指维持生存所需的生理需求和安全需求。1943 年，美国著名的社会心理学家亚伯拉罕·哈罗德·马斯洛（以下简称"马斯洛"）发表了《人类动机理论》，提出了需求层次理论，包括生理需求、安全需求、社交需求、尊重需求、自我实现需求。根据马斯洛需求层次理论，生理需求和安全需求（即物质性需求）是人类生存发展最基本的需求。

马斯洛提到，人类自婴儿时期起，就有生理需求和安全需求，这是最低级的需求，当这种需求得不到满足时可能会危及生命。人类为何发展、因何生存，其根本原因在于满足自己的物质性需求。这里的物质性需求包括两个方面。一方面，人类的生命支撑在于肉身并限制于肉身，人类每天需要喝水、进食，这样才有体力进行劳动，才能生产自身生存必需的物质材料，人类的生存和发展才能得到保证，这是人类最底层的需求。另一方面，是指人类生存的安全性需求，包括要求劳动安全、职业安全、生活稳定，希望免于灾难和未来有保障等。例如，在物质上，需要保证操作安全、劳动保护和保健待遇等；在经济上，有失业、意外事故、养老方面的需求；在心理上，希望能够免受不公正待遇，充分融入社会，不与社会脱轨等[1]。

3. 社会性需求

社会性需求是指承认、尊严、爱、认同和价值的需求。社会性需求对应马斯洛需求层次理论中的高级需求，包括社交需求、尊重需求和自我实现需求。社交需求源自人本主义心理学，人类的内在力量与动物本能不同，人类追求个人的自我价值和社会价值，人类的行为有着明显的目的性和创造性。简而言之，当人类的存在性需求和物质性需求得到满足后，便会追求更高境界的社会性需求。如果说存在性需求和物质性需求是偏向个体层面的，那么，社会性需求就是将人类由简单的个体行为置身于复杂的社会中，在得到了来自社会的尊重、认同和爱之后，进行更好的"自我实现"，最终充分体现人类可能有的"人格的完整性"。

当个体从家庭延伸至社会，所有的人都有一种对于自尊、自重和来自他人尊重的需求。一方面表现为对实力、胜任和成就的追求，另一方面表现为对名誉和威信的渴望。社会性需求中最高的一层是自我实现需求，即人对于自我发展和完成的欲求。人的天性中总是存在着一种趋向，期盼成为自己所期望的那个样子，不断地寻求一个更加充实的自我，追求更加完美的自我实现。

---

[1] 吴宏伟. 马斯洛的需要层次理论及哲学底蕴[J]. 哈尔滨市委党校学报，2006，（02）：31-33+60.

二、三重满足

对于哲学意义上的三重需求，元宇宙可以进一步实现三重满足，即存在性满足、物质性满足和社会性满足。

1. 存在性满足

存在性满足是指在虚拟世界中实现"第二生命"的重启，人存于世的唯一性被打破。在元宇宙的状态下，虚拟世界与现实世界融合，以技术作为支撑，构建全新场景，赋予了人类"重启生命"的机会与权力，哲学意义上生命的唯一性被打破，自然规律对存在的限定性也将被重新定义。

2. 物质性满足

物质性满足是指元宇宙能够降低生产成本、提高生产效率，并替换部分物质性需求。元宇宙是虚实结合的社会，人类可以在元宇宙中进行社会生产活动，如工作、娱乐等。一方面，在元宇宙中可以实现产品闭环，进行生产、消费和流通。另一方面，可以将元宇宙的产品在现实世界变现，实现产品多条路径的增值发展。

3. 社会性满足

社会性满足是指虚拟情感补偿现实情感缺失，"虚拟共同体"补偿现实社交缺失。在元宇宙中，社交同样具有两条路径。一条路径存在于元宇宙的闭环之中，元宇宙作为虚实结合的社会，每个个体都有自己独有的数字符号，利用数字符号与元宇宙形象就可以成为想成为的人，个人形象设定的随意性与可选择性可以弥补现实不足，从而弥补情感缺失。另一条路径是社交关系元宇宙与现实社会的流动，现实社会的社交关系可以流向元宇宙，元宇宙的社交关系也可以流向现实社会，双向流动的关系加速了人与人之间的情感升级，从而更好地促进交流。

三、人与社会良性发展

1. 扩大人类活动的范围

通过可穿戴设备和计算机技术，XR 技术可为用户带来虚实结合、人机交互的环境。人类不仅可以在现实世界生活，而且可以在虚拟世界生活，同时拥有物理空间与网络空间的身份，在现实社会与虚拟社会的状态下自由调节，并不断促进现实社会的发展。

2. 丰富人类活动的层次

人类由现实世界走向虚拟世界，不仅扩大了人类的活动范围，而且丰富了人类的活动层次。自然界难以获得之物或不存在之物，人类都可以在元宇宙中实现，从而获得新的知识，提高思想层次，冲破时代和物质的禁锢，并将这些认知应用于日常生活，实现人与社会的良性发展。

在由实到虚的过程中，由于人类活动从现实世界迁移至虚拟世界，现实世界会产生部分塌陷空间，而机器人、人工智能和物联网可以对其进行补充。马克思主义强调，物质满足是思想解放的基础。虚拟是现实的延伸，现实是虚拟的根源。个体通过在元宇宙中实践，促进虚拟世界与现实世界的良性互动，最终实现人的发展和社会的发展在虚拟和现实两个层次上的和谐。人与社会的发展关系见图 1-15。

图 1-15 人与社会的发展关系

第 2 章

元宇宙技术与产业链

第一节　元宇宙生态系统与核心技术

元宇宙生态系统是由人的感知六识和宇宙六理，在计算、技术、交互的作用下构成的。下面将具体介绍元宇宙生态系统的基本情况。

感知六识包括眼、耳、鼻、舌、身、意 6 个部分。元宇宙有 3 个属性：一是包括时间和空间的时空延展性；二是包括自然人、虚拟人、机器人的人机融生性；三是基于区块链所产生的经济增值性。在元宇宙时代，实现眼、耳、鼻、舌、身、意 6 类需求（即视觉、听觉、嗅觉、味觉、触觉、意识）有不同的技术和设备作为支撑，如网线和电脑支持了视觉和听觉需求，但这种连接还处在初级阶段。随着互联网的进一步发展，连接不仅满足需求，而且通过供给刺激需求、创造需求。例如，通过大数据用户画像实现精准投放，直接把产品推给用户。宇宙六理包括数理、物理、地理、心理、事理、伦理 6 个方面。

构建元宇宙的三大核心分别为计算、技术、交互。计算是指计算能力需要满足元宇宙随时随地及设备门槛低的特点。目前，云计算的计算能力比较符合元宇宙的要求，但是其计算能力还不够强大，还需要进一步发展。技术是指 AI、大数据、区块链、网络通信、数字孪生、游戏引擎等。交互是指可以在元宇宙中为用户提供交互式的体验，主要包括 VR/AR/MR、裸眼 3D、PC/

手机、物联网、机器人、脑机接口。元宇宙生态系统与核心技术见图 2-1。

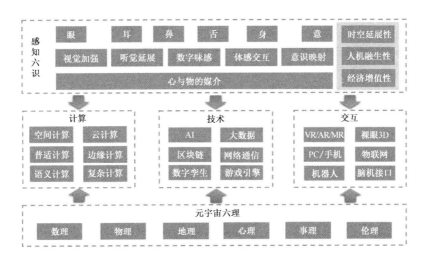

图 2-1　元宇宙生态系统与核心技术

宇宙的变革是通过无数技术和应用落地实现的，而元宇宙的核心是底层科学技术的迭代和进步。我们现在正处于元宇宙的初级阶段，技术应用还在不断发展。元宇宙本身不是一个技术，而是一个理念和概念，需要整合不同的新技术，如 5G、6G、人工智能、大数据等，并强调虚实相融。

元宇宙主要包括以下 3 项核心技术。一是扩展现实技术，可以提供沉浸式的体验，包括 AR、VR 和 MR。二是数字孪生技术，能够把现实世界镜像到虚拟世界，这意味着人可以同时拥有多个分身。三是用区块链来搭建经济体系，从而构建虚拟世界的货币体系。元宇宙技术支撑见图 2-2，元宇宙发展所需要的具体技术可以简单概括为"WE AIMED TO BEGIN"。在未来，可能会有更加多样的技术加入，也可能会派生更加智能的服务。

We	Web 3.0	(Web 3.0)		云计算 空间计算 边缘计算 普适计算 语义计算
AI	人工智能	(Artificial Intelligence，AI)		机器学习 自然语言处理 智能语音
M	3D建模	(3D Modeling)		实时渲染
E	游戏引擎	(Game Engine)		
D	大数据	(Big Data)		仿真 可视化
T	数字孪生	(Digital Twin)		硬件层 硬件抽象层 内核层 接口层 应用层
O	操作系统	(Operating System，OS)		DAO 数字藏品 NFR NFT
B	区块链	(Blockchain)		XR (VR、AR、MR等) 裸眼3D 全息投影
E	扩展现实	(Extended Reality)		5G 6G
G	通信技术	(Communication Technology)		虚拟人 脑机接口
I	融合式交互	(Integrated Interaction)		机器人 感知层 网络层 应用层
N	物联网	(Internet of Things，IoT)		

图 2-2　元宇宙技术支撑

第二节　元宇宙产业生态

元宇宙产业生态可分为国内和国外两部分。在元宇宙国外产业生态（见图 2-3）中，主要包括内容生态、虚拟人 IP/虚拟 IP、人机交互、操作系统、搜索引擎、算力、经济等方面。元宇宙拥有六大特性：持续性、实时性、兼容性、经济属性、可连接性、可创造性。其产业链分为七个层次：体验层、发现层、创作者经济层、空间计算层、去中心化层、人机交互层、基础设施层。可将元宇宙的产业创新环节归纳为底层架构、后端基建、前端设备、场景内容 4 个方面。目前，围绕其中一个或多个环节，国内外已经有一些先驱公司开始布局。元宇宙核心标的、元宇宙游戏第一股 Roblox 成为全球市场关注焦点。Facebook 旗下的 VR 设备新品出货量超出预期，国外的代表公司主要有 Meta、Google、Apple 等。

国内较早布局元宇宙业务的公司包括腾讯、网易、字节跳动、百度、米哈游等。腾讯属于国内入局较早的企业，参与元宇宙的策略主要通过投资的方式实现。早在 2020 年年初，腾讯便参投 Roblox 1.5 亿美元（约合人民币 9.6 亿元）G 轮融资，并独家代理 Roblox 中国区产品发行。截至 2021 年，腾讯已通过投资等方式配备了大量平台公司，硬件方面如 VR/AR 技术与平台（Epic 的虚幻引擎、Snap），软件方面则覆盖了游戏、购物、学习和社交等多种需求。字节跳动、网易也纷纷布局元宇宙领域，字节跳动主要

通过并购代码乾坤、Pico 等方式布局,网易则通过开发沙盒游戏、
投资虚拟社交平台 IMVU 等方式布局。2021 年 12 月,百度举办
"百度 Create AI 开发者大会"。米哈游作为一家游戏公司,主要的
元宇宙应用包括成立逆熵工作室、与瑞金医院合作研究脑接口技
术的开发和临床应用等。元宇宙国内产业生态见图 2-4。

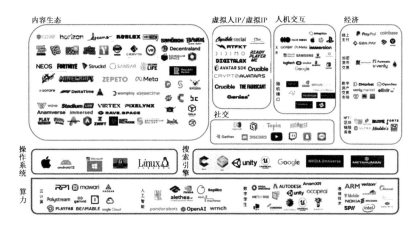

图 2-3   元宇宙国外产业生态

图 2-4   元宇宙国内产业生态

第三节　元宇宙概念股

　　元宇宙因其市场前景广阔、应用场景众多、资金大幅流入，再次成为股市焦点。围绕元宇宙发展的 VR/AR、算力、AI 等构建元宇宙各大板块的头部公司，被认为在未来 10 年会有 5～10 倍增长。受 Facebook 部分品牌改名为 Meta 的影响，2021 年 11 月起，投资者对元宇宙概念 A 股上市公司追捧，多数上市公司交投活跃，股价快速上涨，时常出现涨停、集体上涨的市场行情，以及短期过热迹象。截至 2022 年 1 月 15 日，元宇宙板块共有企业 117 家，分布在 27 个行业。元宇宙的内容产业股方面，元宇宙第一股是 Roblox，作为一个 UGC 平台，Roblox 不仅向玩家提供游戏，而且提供创作平台。元宇宙股价及行业分布见图 2-5。

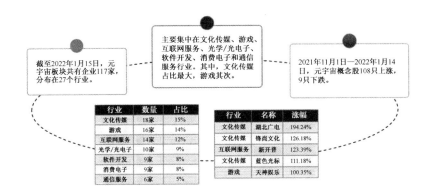

图 2-5　元宇宙股价及行业分布

2021 年，我国元宇宙投资相关领域包括 VR、区块链、云服务、虚拟人、NFT 等。除专业投资机构外，投资企业所处行业大多集中在电子信息和游戏领域，代表企业有腾讯、莉莉丝等。从投资轮次来看，大多集中在天使轮，说明大部分项目仍处于起步阶段，但投资金额保持在较高水平。

通过二级市场相关数据可以研判以下 3 个趋势。

（1）股票涨跌受消息面影响大。当前，元宇宙概念尚在发展初期，公司业务实质上并未有太多变化，影响股票涨跌的因素主要是外界消息而非公司业绩。外界消息包括美国动态（美国技术发展的动态）、中美博弈动态（美国对华实体制裁清单）、中国动态（企业技术应用进展及政府政策）。随着国内外技术推新迭代和政策持续利好，元宇宙概念股长期趋势向好。

（2）股市泡沫将逐步得到释放。数据统计显示，与内容层相关的板块是当下主要增长点，经过前期井喷式上涨后，一些伪元宇宙概念股在业绩不达标或经历突发性事件后泡沫破裂，挤出泡沫后将会迎来新一轮洗牌，资本市场趋于理性，投机游资减少。

（3）五大板块或将受到资本追捧。一是底层技术板块（光电芯片领域、5G/6G 通信领域、VR/AR 可视化等），二是相关软件技术板块（3D 引擎、全息显示等），三是相关媒介载体板块（智能汽车、边缘计算、物联网等），四是相关内容创作板块（数字资产等），五是终端制造板块（游戏产业、社交媒体、办公教育等）。此外，产业链中高端智能制造、高精度地图等也将迅速发展。

第四节　XR 技术

随着元宇宙概念火爆全球，作为元宇宙重要"入口"的 XR（扩展现实）产业迎来发展机遇。XR 是业界对涵盖 VR（虚拟现实）、AR（增强现实）、MR（混合现实）等各种细分产业的统称。XR 从业人士和第三方专家普遍认为，XR 产业是元宇宙的基础设施和重要入口之一，除了游戏领域，XR 设备越来越多地向电子商务、文化旅游、工业制造、广告营销、远程办公、教育培训、医疗健康、军事安防等领域渗透，在实现商业化应用、市场需求增长的同时，应用场景及其深度、广度都在进一步丰富和拓展。第三方机构 Counter Point 的研究报告显示，预计到 2025 年，XR 头戴设备出货量有望突破 1 亿台，较 2021 年增长近 10 倍。

一、VR 技术

虚拟现实（VR）是 20 世纪后期发展起来的一项技术，通过计算机模拟虚拟环境从而让人体验环境沉浸感，是集计算机、电子信息、仿真技术于一体的新兴行业。随着社会生产力和科学技术的不断发展，VR 逐渐成为一个新的科学技术领域。

1. VR 的属性

VR 兼具进步属性与退步属性。其进步属性指体感技术成熟、应用领域广及沉浸度高。随着基于大量传感器的体感技术逐渐成熟，用户的各种动作都能被识别并同步到场景中，而不是仅仅模拟真实的视觉环境，身临其境感更进一步。VR 技术最早用于军事领域，随着技术的发展，其应用场景日益丰富，应用领域越来越广泛。目前，无线模式数据传输相对成熟，VR 可通过声音、影像等维度更迅速、直观地表现场景，将用户带入故事中。

退步属性主要指场地限制、眩晕感及设备问题。在利用 VR 进行运动类游戏时，需有良好的伸展空间，在现实层面有较多限制且存在一定危险。在使用过程中产生的感觉与现实不一致，会产生眩晕感，连续使用时长一般不超过 35 分钟。设备问题主要是 VR 头盔的重量、易损性等会限制其发展。

2. VR 带来具身沉浸和体验享受

现阶段，依托于 VR 技术的头戴式显示设备、VR 眼镜、VR 手写笔等产品，普遍能让用户享受视觉、听觉方面的体验，如 Meta 推出的头显设备 Meta Quest 2、索尼为 Xperia 手机推出的专属 VR 眼镜 Xperia View、HTC VIVE、Wacom VR 手写笔等，双眼分辨率均达到 4K，视觉体验感良好。较前沿的科技公司也已开发 VR 手套和背心以实现触觉感受，如 Manus Prime II 系列虚拟现实手套、触控背心 TactSuit X40 VR 产品介绍见表 2-1。

表 2-1 VR 产品介绍

产　品	详　细　介　绍
Meta Quest 2	搭载高通推出的处理平台，电池重量轻，处理速度快，延迟低，可驱动双眼分辨率近 4K 的画面
Xperia View	索尼为 Xperia 手机推出的专属 VR 眼镜，可实现 4K HDR 沉浸式体验
HTC VIVE	人体工学设计，电池后置，可调节瞳距，双眼分辨率 5K 级别，拥有 120° 广阔视角，屏幕刷新频率达到 120Hz，清晰流畅可缓解 VR 眩晕感
Wacom VR 手写笔	内置压力传感器，笔握头部有一个显示应用工具选项的表盘，兼容 6DoF 定位追踪的 3D 绘画功能
Manus PrimeII	Manus Prime II 系列虚拟现实手套，为沉浸式虚拟体验设计，手指追踪精度高，可精确测量和同步手指的伸展
TactSuit X40	有 40 个分散在前后的偏心旋转质量振动电机，支持 Steam VR 和 Quest 平台的游戏，并且可以将枪声转化为背心发出的"隆隆"声，具有很强的沉浸体验感

（一）VR SaaS 化是产业互联网新赛道

SaaS 是 Software-as-a-Service 的缩写，意为"软件即服务"，即通过网络提供软件服务。SaaS 是随着互联网技术的发展和应用软件的成熟，于 21 世纪兴起的一种完全创新的软件应用模式。VR SaaS 化是其规模化推广的预期方式和产业互联网新赛道，将VR 应用在软件领域是一种盈利方式，基于 VR 的 SaaS 平台在医疗健康、地产家装、电子商务、工业生产、广告营销、军事安防、文化旅游、展览展示、教育培训等应用场景将为人们提供更多的服务。VR 在 B 端应用十分广泛，包括模拟医学、生物制药、石油化工、天文研究等。

（1）VR+模拟医学

医学模拟（Medical Simulation）教学是指应用多种技术手段

模拟医疗临床情况，让学生有机会从模拟经验中学习，提升医学生临床能力的一种教学模式[1]。多项研究表明，在本科和研究生医学教育阶段，医学模拟在基础科学和临床知识、程序技能、团队合作、沟通及评估方面的效果良好[2]。

医学生可以在 VR 平台上完成手术模拟、康复模拟等操作，平台可以实时纠错，并自动形成评价报告。将 VR 技术引入医学教学，构建三维器官模型和所需的仪器、设备，建立一个有自然交互感的虚拟场景，学生利用该场景进行学习、操作，既能全面观察人体器官、组织结构，又可提高临床操作熟练程度。在这个虚拟空间内，与使用者形成交互的是虚拟环境，能够模拟多种场景，为突发公共卫生事件应急处理实践教学提供有效训练。一方面，在临床实践教学中嵌入一个真实场景，在逼真的模拟环境下，涵盖多种知识技能的医学培训使医学生可以在尽可能真实的环境中反复尝试错误和重复技能，同时不会对患者造成伤害，从而取得更好的教学效果。Simbionix 模拟培训方案见图 2-6。另一方面，利用 VR-AR 技术，反复感受现场情景，熟悉今后可能面对的特殊工作环境，不断提高自身的心理应激阈值，消除恐惧心理，提升心理承受能力和适应能力[3]。

---

[1] 田林，汪国翔. 虚拟现实技术在临床医学研究生教育及住院医师规范化培训中的应用[J]. 广西医学，2017，39（3）：425-427.

[2] 刘江华，邱俊，齐硕，等. 医学模拟教学在医学生医患沟通教育中的应用探索[J]. 中国卫生事业管理，2019，36（11）：846-848.

[3] 彭艳，周发春. 危重病医学教学模式及内容的探索与思考[J]. 继续医学教育，2021，35（09）：37-38.

图 2-6　Simbionix 模拟培训方案

（2）VR+生物制药

圣地亚哥初创公司 Nanome 宣布与富士康达成合作，面向日本市场推广专注科学领域的 VR 设计和协作平台。Nanome 公司的生物制药软件见图 2-7。据悉，该软件目前已经被 15 家美国生物制药公司采用，可以支持多人远程在 VR 中进行 3D 药物模型设计。在新冠肺炎疫情期间，该软件也被全球科研人员用来分析与病毒蛋白结合的候选抗体和小分子药物的功效。Nanome 公司

图 2-7　Nanome 公司的生物制药软件

CEO Steve McCloskey 表示，Nanome 是 2020 年 6 月首家与欧盟政府合作采用"VR+超级计算"抗击新冠肺炎的美国公司。与富士康合作后，Nanome 将为医疗和科研人员提供实时的科学协作工具，加速新冠肺炎相关药物的研发。

（3）VR+石油化工

传统的石油化工解决方案主要使用二维平面图形，但石油化工系统复杂庞大，涵盖勘探、开采、炼化等流程，二维平面图形的实现效果往往单一且抽象，无法完整地展示复杂作业原理和实际动态效果。将 VR 技术引入石油化工领域能够提高安全性、提升工作效率、降低支出成本和运营成本。

一方面，将 VR 技术引入勘探和开发环节，可以准确还原地质情况，直接面对可视化的三维地图，实时进行数据浏览、修改、查询、储存等操作，实现钻井勘探分析、钻井路线设计、钻井轨迹跟踪等互动操作，大大提高规划效率、分析准确度和决策正确率。MineLife VR 可视化展示各类矿山数据示意见图 2-8。

图 2-8　MineLife VR 可视化展示各类矿山数据示意

另一方面，VR 技术可以让钻井开采和石油炼制等工艺以三维模型、虚拟空间的形式呈现，对工人进行声情并茂、生动形象的技能培训，直接观察钻井平台和采油车的操作活动和作业原理。工人可重复练习以规范操作，熟悉事故规避和应急处理手段，减少设备损耗和因使用不当导致的事故。对油气公司而言，可以避免重复培训的资金和人力投入，能够及时反馈考核和培训成果。

（4）VR+天文研究

一直以来，科学家都是通过传统的工具、分散的数据库，甚至是纸和笔来研究星系中恒星的天文数量，很难充分利用强大的多功能模式识别引擎——人脑。NASA 戈达德太空飞行中心的工程师汤姆·格鲁布（以下简称"格鲁布"）认为，VR 和 AR 是探索和处理这类数据的重要工具，其团队提出了采用 VR 和 AR 技术进行天文研究的首篇论文。格鲁布和团队使用 VR 环境查看了一个充满活力的恒星附近，并且提出了一个新颖的分类，能够直观地观察恒星在三维空间中的路径和位置，将为科学研究提供关键的见解。格鲁布和团队开发了一系列能够将天文数据库和工程工作带到虚拟空间的软件。就如同重工业正在学习如何将 VR 和 AR 整合至安全、维护和培训程序中一样，NASA 同样在工程和跨空间协作中研究 VR 和 AR 技术的价值，其中包括建立用于查看和操作数据的基本工具。戈达德天文学家 Marc Kuchner 和研究员 Susan Higashio 定制了 3D 的 VR 模型，模拟了当地银河系附近400 万颗恒星的速度和方向，并将其设置成动画。VR 模拟银河系见图 2-9。

图 2-9　VR 模拟银河系

（二）"社交+游戏"是 VR 生态的主成分

VR 是实现交互的关键技术,随着元宇宙的兴起重获业界瞩目,谷歌、苹果、微软、华为、百度等头部企业对此都有所布局。在其他行业,VR 更多地作为一种辅助工具来提高效率,而"社交+游戏"是目前 VR 生态的主成分,致力于打造全新的休闲娱乐模式。

社交是一个重要的场景,游戏、教育、文旅（包括展览营销等）都非常重要。像 Facebook 发布的 Horizon 社交平台（见图 2-10）、Rec Room（见图 2-11）,这些就是偏社交化的。其中,Rec Room 新一轮融资 1.45 亿美元（约合人民币 6.37 亿元）,公司总估值达 35 亿美元（约合人民币 223 亿元）。未来,各互联网头部企业将在社交元宇宙领域展开激烈竞争。短期内,将通过大量优质 VR 游戏培养稳定的用户生态,如 Beat Saber（见图 2-12）、Echo VR（见图 2-13）等。

图 2-10　Horizon 社交平台

图 2-11　Rec Room

图 2-12　Beat Saber

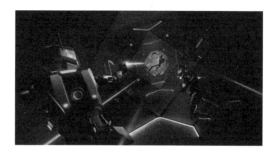

图 2-13　Echo VR

　　VR 应用于"社交+游戏"潜力可观，VR 社交将成为 VR 游戏平台化过程中的润滑剂，借助 VR 可以实现空间化协作、沉浸感交流。VR 社交具有强延展性，教育、会议、媒体发布等都可以与之结合，并由此实现升级。通过 VR 主流应用商场分类排行（见图 2-14）也可以看出社交、游戏类应用更受欢迎。

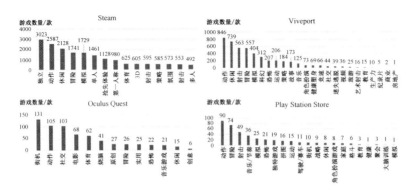

图 2-14　VR 主流应用商场分类排行

　　百度希壤就是一个社交元宇宙，在希壤举办的"百度 Create AI 开发者大会"（百度 AI 开发者大会）是国内首个在元宇宙中举办的大会，实现 10 万人同屏，支持 10 万用户规模聚集条件下的相互可见和基于参会者不同位置的实时交互，实现在不触发广播风暴（Broadcast Storm）的前提下，大规模的实时状态同步。依托百度大脑*在视觉、语音、自然语言理解等领域的领先能力，实现包括通过一张图片或一句话生成的 3D Avatar 角色形象，以及开

---

　　*　百度大脑是百度多年技术积累和业务实践的集大成者，包括视觉、语音、自然语言处理、知识图谱、深度学习等 AI 核心技术和 AI 开放平台，对内支持百度所有业务，对外全方位开放，助力合作伙伴和开发者，加速 AI 技术落地，赋能各行各业转型升级。

放域的智能语音助手、空间语音、地图导航、数资确权等。

在"VR+行业"的模式下，游戏行业最为热门，与 VR 的结合度最深、热度最高，包括 PC 端游戏和手机游戏。在 Steam VR 畅销游戏榜中，动作类游戏依然以 33%的高比例位居榜首。值得注意的是，开发者在 VR 动作类游戏中加入了更多生存、恐怖、冒险、叙事及奇幻的元素，呈现"动作+综合化"的游戏趋势。2021 年 Steam VR 畅销游戏榜见表 2-2。

表 2-2　2021 年 Steam VR 畅销游戏榜

排序	Steam	类型	Viveport	类型	Oculus Quest	类型	Play Station Store	类型
1	Half-Life: Alyx	射击	VRCHAT	社交、休闲	Beat Saber	运动、休闲	Until You Fall	冒险
2	Keep Talking and Nobody Explodes	解谜	FRIGID VR DEMO	冒险	Rec Room	社交	Rec Room	运动
3	COMPOUND	射击	PIRATE SHOOTER	冒险	YouTube VR	电影、休闲	Concrete Genie	冒险
4	Phasmophobia	恐怖	READY PLAYER ONE: OASIS BETA	动作、科幻	VRChat	杜交	WatchVR	休闲
5	Hot Dogs, Horseshoes & Hand Grenades	射击	SPIDER-MAN: FAR FROM HOME VIRTUAL REALITY	冒险	Blade & Sorcery: Nomad	格斗	Mortal Bitz: Combat Arena	冒险
6	Five Nights at Freddy's: Help Wanted-Bundle	动作、恐怖	RHYTHM JUMP	休闲	Echo VR	射击	YOU ARE BEING FOLLOWED	射击

续表

排序	Steam	类型	Viveport	类型	Oculus Quest	类型	Play Station Store	类型
7	VTOL VR	射击、格斗	ADVENTURES in SPACE	教育、科幻	Gun Raiders	射击	Dreams Universe	冒险
8	The Room VR: a Dark Matter	冒险、解谜	FLYING SAUCER TRAINING	射击	First Steps for Quest 2	教育	Firewall Zero Hour	射击
9	fpsVR	射击	FIST to LEGEND	格斗	Job Simulator	模拟、休闲	Lald-Back Camp Virtual - Fumoto Campsite	解谜
10	Beat Saber	音乐游戏	ZOO VR	模拟、教育	Onward	射击	Gadgeteer	冒险

模拟类、RPG（角色扮演）类及体育类的游戏畅销款数量同比均有所上升，验证了相应市场需求，具体占比见图2-15。

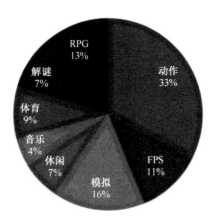

图 2-15　2021 年 Steam VR 畅销游戏榜游戏类型分布

（三）VR 发展预测

VR 硬件产品的迭代主要基于用户体验感提升。一是在分辨率上，目前 VR 产品双眼分辨率基本可达到 5K，而双眼分辨率达到 8K 可有效提升沉浸感，双眼分辨率达到 16K 则接近人眼像素极限。二是在刷新频率上，120Hz 的刷新频率已能在一定程度上缓解眩晕感；200Hz 及以上分辨率带来清晰流畅的动态画面，可有效避免眩晕感。三是在清晰度上，头显产品提供多视角，其清晰度还需采用角分辨率（Pixels Per Degree，PPD）来比较。PPD 越小，像素晶格感越强烈；PPD 越接近 60，成像清晰度越接近人眼分辨极限，视觉效果也就越清晰。

1～5 年内，实现跨手机、PC 和 VR 的实时联动应用，一体机可以实现全身动捕，由单人应用走向多人应用。目前，硬件设计逻辑在于从内容出发，考虑如何让硬件架构更好地呈现内容。头显设备方面，国外 Oculus、HTC Vive、Sony 三大厂商占据市场龙头地位，在用户体验和 VR 沉浸感方面已大幅超出消费者预期。其中，HTC Vive 依靠精准运动性略拔头筹。国内的头显设备产业已初具规模，但国内的 VR 头显产品中能够打开市场、迅速积累口碑的产品偏少，与三大厂商的产品相比，在用户体验、技术含量、做工等方面还有一定差距。产品形态方面，眼镜盒子产品为过渡性产品；PC 一体机提供了目前最好的使用体验，但移动性较差；移动一体机代表外来发展趋势，但面临技术等各方面短板。输入与交互设备方面，新的输入与交互设备还在探索和创新阶段，目前主要分为类似传统手柄的感应操作杆、手势识别与手势捕捉装备、动作捕捉设备等。VR 精确性和沉浸感的提升建立在传感系统和交互输入设备更新的基础上。未来，针对 VR 系统的专业化感应和输入设备将成为 VR 硬件的标配，并大大扩展 VR 应用场景和用户体验。眼球追踪、手势识别、动作捕捉是感应和输入设备的三大发展方向。

5～10 年内，硬件性能继续发展，渲染技术更加成熟，突破 35 分钟的眩晕极限。VR 产业链加速成熟，痛点被逐个击破。云 VR 有望降低终端成本、助力头显轻量化、无线化。"5G+"承载方案迭代提高带宽能力，传输编码助力降低带宽要求，双维度解决延迟痛点。现阶段，主流 VR 头显刷新频率为 75～90Hz，在 90Hz 刷新频率及 H.264 压缩协议下，计算得到 1K 分辨率的 VR 内容需要 21Mbps 码率*，相较于仅能提供 10Mbps 码率的 4G 网络，5G 网络可实现 100～1024Mbps 码率，已经可以满足未来单眼分辨率 8K 的码率要求。此外，VR 头显的显示时延极限为 20ms，若超过 20ms，部分用户会有明显的眩晕感。目前，VR 头显的内部图像渲染及刷新等时间约为 15～16ms，若增加 4G 网络下额外 10ms 时延，用户感知时延将远超过 20ms，而仅有 1ms 超低时延的 5G 网络可有效解决该问题。眩晕感问题突破，双眼分辨率 4K 逐步成为主流，使 VR 显示性能提高的同时突破产能瓶颈。

10 年之后，VR 若为游戏机，其总销量无法超过目前游戏机总销量；VR 若扩展为工作属性，其保有值难以超过 PC 目前的全球总保有量（13 亿件）。

---

* 码率（Data Rate）指视频文件在单位时间内使用的数据流量，也称码流。

二、AR 技术

增强现实（Augmented Reality，AR）技术是一种将虚拟信息与现实世界巧妙融合的技术，广泛运用了多媒体、三维建模、实时跟踪及注册、智能交互、传感等多种技术手段，将计算机生成的文字、图像、三维模型、音乐、视频等虚拟信息模拟仿真后，应用到现实世界，从而实现对现实世界的"增强"。

1. AR 是现实世界元宇宙的交互技术

AR 是虚拟世界和现实世界的无缝接口，以头盔、手机、眼镜、裸眼 4 类形式存在，多图层叠加于现实环境，设备重量轻、便携性佳，以空间性、具身性、富媒体性的方式革新组织管理模式，增强人际交往的辅助信息和滤镜效果。其发展趋势主要有以下 5 个方面。

（1）Micro LED 搭配光波导有望成为 AR 的新型显示技术。随着各项技术的不断进步，光波导和 Micro LED 取得的一些进展将带来新功能。Micro LED 是显示领域的一种前沿解决方案，AR 眼镜目前的主流显示解决方案有硅基液晶和硅基 OLED，与这两种主流显示解决方案相比，Micro LED 显示器在亮度、尺寸、色彩和对比度上有着无可比拟的优势，具有超薄、低功耗、高亮度、高对比度、反应速度快等优点，解决了屏幕亮度过低的问题，提高用户体验。据映维网报道，Micro LED 显示器高度是传统 LCD 显示器亮度的 30 倍，能够大幅提高光波导显示亮度，是业界期待的下一代显示技术。半导体公司格芯（原名格罗方德，GlobalFoundries）将生产号称世界首款专为 AR 眼镜设计的单片 Micro LED 模组 IntelliPix（见图 2-16）。据悉，IntelliPix 相关技术由 Compound Photonics 研发，基于格芯 22FDX 平台制造，可用于开发轻量化、长续航的 C 端 AR 眼镜，其分辨率支持定制，最高可达 2048×2048。

图 2-16　Micro LED 模组 IntelliPix

光波导是光学领域的一种解决方案，相比偏折返式光学解决方案，光波导有两个显著优势。一是让镜片更薄，帮助实现 AR 眼镜的轻量化；二是可以扩大眼动框面积，可适配不同脸型的消费者。2016 年后，光波导市场参与厂商不断增多，并已有多家公司布局镜片量产，包括初创企业（如灵犀微光、珑璟光电、Magic Leap 和 DigiLens 等）及传统光学龙头企业（如 Sony、肖特等）。此外，由于技术成熟度较高，目前已有两家公司与国内上市公司合作进行光波导镜片量产，分别为 Waveoptics 与歌尔合作、肖特与水晶合作（成立子公司晶特）。光波导镜片研发技术成熟度不断提高，量产将推动生产成本下降，从而推动向 C 端更快普及。光波导显示技术示意见图 2-17。

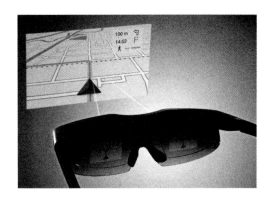

图 2-17　光波导显示技术示意

目前，已有 3 家厂商推出"Micro LED+光波导"AR 眼镜产品，国外厂商 Vuzix 于 2021 年 1 月推出单色和全彩两种方案可选的 Micro LED AR 智能眼镜。同年 9 月，小米推出搭载 Micro LED 光波导显像技术的小米智能眼镜（探索版）。据小米透露，该产品内核亮度可达 200 万尼特，可实现信息显示、通话、导航、拍照、翻译等功能。同年 10 月，雷鸟发布首款双目全彩 Micro LED 全息光波导 AR 眼镜——雷鸟智能眼镜（先锋版）。该产品使用高折射率玻璃晶圆，显著减小全反射临界角，让大角度光线也能进行波导传输，最终实现单层波导架构。

（2）超宽带（Ultra Wide Band，UWB）为 AR 通信与定位提供新的发展方向。UWB（见图 2-18）是一种无线载波通信技术，与传统通信技术有极大差异，不使用传统通信体制中的数据载波，而是通过发送和接收具有纳秒或微秒级以下的极窄脉冲来检测时间，中心频率区间为 3.1GHz～10.6GHz，使用 500M 以上的频率带宽，具有对信道衰落不敏感、发射信号功率谱密度低、截获率低、系统复杂度低、能提供数厘米的定位精度等优点，这些特质使 UWB 在消费市场具备极大的应用潜质。

图 2-18　UWB

（3）光栅波导（见图 2-19）等光学技术具有发展前景。AR 眼镜的成像效果决定了用户体验，而镜片的光学系统是决定 AR 眼镜成像效果的关键。与 VR 头显"凸透镜+显示屏"的光学系统不同，AR 眼镜的光学系统由图像源器件与显示镜面两个主要配件构成。AR 眼镜结构简单，其中，光学显示模组成本占 AR 眼镜总成本的 50% 左右，可见光学系统的性能对 AR 眼镜的成像效果至关重要。多年来，基于表面浮雕光栅的波导已经是众所周知的 AR 显示技术，Microsoft 和 Magic Leap 是该技术的代表企业。但该技术路线曾一度因纳米压印光刻制造工艺的复杂性导致良品率低，成本高居不下。如今这一问题已经得到了改进，WaveOptics

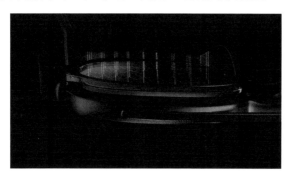

图 2-19　光栅波导

或 Dispelix 可能会向所有原始设备制造商（Original Equipment Manufacturer，OEM）提供波导，这不再是专供某家厂商的独家技术，而将成为公开可用的技术。

（4）手势识别（图 2-20）是 AR 未来必备的交互方式。VR、AR 的独特之处在于沉浸感，而在沉浸环境中，最自然的交互莫过于与现实中一样，挥手打招呼、猜拳、握手、抓取、击掌等。得益于计算机视觉和深度学习技术的发展，能够在普通摄像头上实现精度较高的手势识别，目前可以基于已有的用于 SLAM（即时定位与地图构建）的灰度摄像头直接实现，不需要增加外部硬件。手柄与手势两种交互方式各有优劣及各自适合的使用场景。如果说手柄在 VR 游戏领域还有一席之地，那么，在 AR 应用方面，手柄就完全不能胜任人机交互的任务了。在 AR 应用领域有丰富的人机互动内容，而这种互动是非常复杂的，只有手势操作才可以完成。以教育领域的 AR 应用为例，使用 AR 与用户互动，需要选中、拖拽、拉伸等操作，使用手势完成这些动作是最自然的，而手柄完全无法应用。毋庸置疑的是，未来手势将会变成 AR 设备中不可或缺的一种交互方式，越来越普及。

图 2-20　手势识别

（5）高端传感器市场广阔。对于 AR 设备来说，显示技术和内容生态是最为重要的两个元素，高沉浸感、高构想性、高交互性都需要通过头部追踪、运动追踪、眼动追踪等来实现，其中需要众多的传感器配合。这些传感器的存在是设备交互的关键，而 AR 的本质是人机交互的创新。为了进一步提升沉浸感，AR 设备中往往还加入了陀螺仪、磁力计和加速度计等运动传感器。其中，陀螺仪主要用于确定角度和姿势输入，磁力计主要用磁场强度等参数来定位设备位置，加速度计则用来测量加速度。这些传感器不仅分布在头戴设备上，而且集成在控制器上，如在 Oculus Rift、HTC Vive 和索尼 Playstation VR 上配备 LED 或激光传感器，以降低信号延迟。传感器是针对特定工作而设计的元件，如今在元宇宙背景下，专为虚拟现实场景准备的传感器将迎来新一轮爆发式增长。Oculus Rift 传感器拆解见图 2-21。

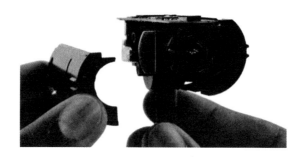

图 2-21　Oculus Rift 传感器拆解

2. 社交娱乐类应用具有"破圈"效应

国内上线的社交娱乐类应用有"Soul""Faceu 激萌""一起来捉妖"等。上海任意门科技有限公司于 2016 年年底上线的"Soul"（见图 2-22）是基于兴趣图谱建立关系，并以游戏化玩法进行产品设计的"Z 世代"社交平台。作为算法驱动的社交游乐园，"Soul" App 的愿景是持续打造年轻人的社交元宇宙。"Faceu 激萌"（见图 2-23）是由今日头条脸萌团队制作的一款运营在 iOS、Android 平台上的拍照相机，为年轻用户提供拍照、录视频体验。"一起来捉妖"（见图 2-24）是腾讯公司研发的一款 AR 探索手游，宣传理念为"去发现无限可能"。

图 2-22　Soul

图 2-23　Faceu 激萌　　　　图 2-24　一起来捉妖

国外公司 Niantic 发布 AR 游戏"精灵宝可梦 GO"（见图 2-25），这是一款能对现实世界中出现的宝可梦进行探索捕捉、战斗及交换的游戏。该游戏建立在 Niantic 的游戏平台上，玩家可以通过智能手机在现实世界中发现宝可梦，进行抓捕和战斗。"Snapchat"（见图 2-26）是由斯坦福大学两位学生开发的一款"阅后即焚"照片分享应用，具有 AR 特效。任天堂发布"马里奥赛车实况：家庭赛车场"（见图 2-27），这是一款 AR 游戏，通过使用 Switch 系统与实物卡丁车对战，将马里奥赛车系列的乐趣带入现实世界。

图 2-25　精灵宝可梦 GO

图 2-26　Snapchat　　　　图 2-27　马里奥赛车实况：家庭赛车场

2021 年 11 月，AR 游戏"Ingress""精灵宝可梦 Go"的开发商 Niantic 完成 3 亿美元（约合人民币 19 亿元）融资布局元宇宙。Niantic 推出了 Lightship 开发者平台（见图 2-28），希望通过"现

有游戏 + 新应用程序 + Lightship"构建"真实世界元宇宙"。基于 AR 的 Lightship 开发者平台具有实时映射、语义分割、多人游戏的特点。实时映射指网格划分功能会转化用户相机产生的颜色，并通过神经网络运行，创建物理世界的机器可读。语义分割指对用户扫描的室外自然物体（如地面和天空）进行分类，从而在特定表面完成分割或遮挡。多人游戏指让 AR 体验从单用户游戏变成多用户社交对话，可支持 8 名玩家可在同一个会话中交互。

图 2-28　Lightship 开发者平台

3. 华为、谷歌竞逐 AR 引擎生态

基于 ARKit 与 ARCore，苹果、谷歌分别统领了 iOS 和 Android 手机的 AR 开发平台，国内手机的 AR 布局大多基于谷歌 ARCore。SuperData 数据显示，AR 移动应用程序将成为 XR（VR、AR、MR）市场的强劲推动力。手机 AR 应用领域的整体营收将以每年翻一倍的速度快速增长，随着苹果的 ARKit 和谷歌的 ARCore 每月用户数量突破 1 亿大关，以及超过 3000 个支持该技术的应用程序，越来越多的开发人员正专注于 AR 技术的发展。"精灵宝可梦 GO"等爆款游戏和苹果、谷歌的 AR 开发平台的走红，推高了手机 AR 的市场认知度，以华为、OPPO 为代表的国内手机厂商逐步入局手机 AR 生态。

（1）华为

2018年，华为布局AR引擎，推出了基于Android的AR Engine开发者工具，包含AR Engine、AR Cloud和XRKit。目前，其AR Engine的安装量已达到11亿次，覆盖机型106款，已接入应用超2000款。

为完善内容开发工具，华为推出了多平台3D编辑器Reality Studio，该编辑器能提供完整的场景编辑和动画交互功能，开发者不需要了解3D相关知识就可以开发3D互动场景。

2019年，华为推出了一项集大成的虚实融合创新应用——河图（Cyberverse），以打造数字新世界。河图具有3D高精地图能力、全场景空间计算、强环境理解功能和超逼真的虚实融合渲染能力。

（2）谷歌

2012年，谷歌发布了第一代消费级AR眼镜Google Glass。后因使用场景、续航、隐私安全等问题，谷歌下架了这款引发争议的产品，AR眼镜研发"败走麦城"。第二代AR眼镜不再面向普通消费者，而是主攻企业市场。

2017年，谷歌推出了操作系统开发者工具ARCore，对标苹果同年推出的ARKit。据Google I/O 2021，目前全球已有超过10亿部ARCore认证设备，开发者可以在安卓上直接开发AR应用，也可使用Unity和WebXR。

2021年，谷歌重新增加AR投入。2021年12月15日，谷歌组建了增强现实操作系统团队，以开发一款能控制和管理增强现实硬件产品的软件。此外，摄像头、输入硬件和实时操作系统（RTOS）的相关开发人员也在招募中。

总之，AR 被视为下一代通用计算平台，由于手机 AR 与第二代计算平台智能手机有着良好的承接性，AR 开发平台也被视为催生下一代操作系统的契机。目前，每一代通用计算平台都有专用的操作系统。专家表示，占据手机 AR 开发平台先机的企业，有望率先切入下一代操作系统，突破谷歌、苹果的先发优势，领跑第三代通用计算平台。而作为正在崛起的新兴技术，手机 AR 的系统、软件、内容还缺乏统一标准，国内手机厂商可通过制定相关标准，在 AR 生态构建方面掌握更多的话语权。

4．AR 市场

（1）B 端定位：强大的生产力设备

"to B"是目前 AR 公司主要的盈利模式。在制造、医疗、建筑等垂直领域已有成熟应用。AR 应用领域见图 2-29。

微软 HoloLens 2、谷歌 Google Glass 是代表性的企业端 AR 产品，与微软 HoloLens 2 一同亮相的 Dynamics 365 解决方案，还有对应的移动 AR 应用，用于扩展多平台 AR 交互、AR 远程指导等场景。例如，丰田汽车公司使用 HoloLens 2 上的 Dynamics 365 远程协助系统（见图 2-30），减少了 20%的检查时间。

AR 在"to B"领域企业应用中发挥着举足轻重的作用。在仓库管理领域，全球物流公司 DHL 利用 Google Glass 眼镜，提升仓库拣货的准确性、生产力和效率。在医疗领域，帝国理工学院的某团队利用 HoloLens 进行 CT 扫描，在重建手术中将预制的 3D 数字模型叠加在患者的肢体上，AR 辅助手术成为最尖端的 AR 应用之一。在远程辅助方面，蒂森克虏伯利用微软 HoloLens 的 AR

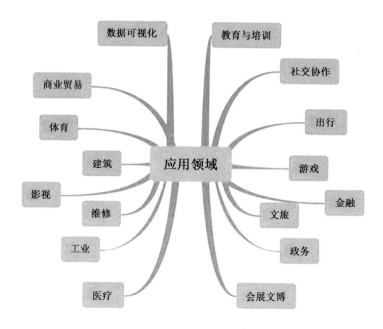

图 2-29 AR 应用领域

图 2-30 HoloLens 2 上的 Dynamics 365 远程协助系统

功能为现场技术人员提供电梯维修流程指导。在网络建设方面，华为与 AR 的故事也正在上演。新冠肺炎疫情暴发初期，华为采用 AR 技术和头显设备，解决了传统基站交付需要多次上站的问题，实现 5G 基站快速交付。

（2）AR 庞大的 C 端市场尚待启动

C 端应用潜力巨大，"to C"是 AR 公司的下一步盈利方向。游戏、社交、教育、办公、零售、生活服务、导航、旅游、运动健康等垂直领域具有强大的开发潜力。AR 教育、AR 办公、AR 购物、AR 文旅分别见图 2-31～图 2-34。

图 2-31 AR 教育 　　　　图 2-32 AR 办公

图 2-33 AR 购物 　　　　图 2-34 AR 文旅

面向消费端的 AR 硬件也频频出现，如 Microsoft HoloLens 2（见图 2-35）、North 的 Focals 智能眼镜、Form 的游泳镜、Snap 的 spectacles 3 和 Bose AR 音频太阳镜等产品。AR 眼镜是元宇宙普及的先导产品，AR 眼镜相对于 VR 头盔的优势在于重量更轻、更便于携带、价格相对较低。Nreal 第二代消费级双目式分体眼镜 Nreal Air（见图 2-36）采用太阳镜的设计风格，净重量仅 76 克。AR 眼镜将成为继 PC、手机之后的第三代革命性设备。目前，AR 眼镜大多停留在企业端，消费端尚未出现爆款产品。从消费端看，

AR 眼镜消费级市场低迷，与均价高、内容生态欠缺、用户体验差等因素有关；从供应端看，与生产技术不成熟、兼容性制约等因素有关。

虽然消费端 AR 眼镜尚未普及，但 AR 手机应用已全面铺开，未来将呈现二者并进的格局。本书团队成员使用 AR App 制作的虚拟人（见图 2-37），可在现实场景中完成搏击跳舞等动作。宜家联合苹果推出新的 AR 应用 IKEA Place（见图 2-38），消费者可以在 iPhone 上预览整个房间重新装修后的效果。在元宇宙的带动下，预计未来会有更多硬件品牌及厂商进入 AR 市场，内容商家也将反推上游硬件市场发展。

图 2-35　Microsoft HoloLens 2

图 2-36　Nreal Air

图 2-37　团队成员使用
　AR App 制作的虚拟人

图 2-38　IKEA Place

三、XR 市场预测

1. VR 头显和 AR 眼镜出货趋势

根据 IDC 数据，VR 头显出货量（见图 2-39）逐年增长，预计 VR 头显出货量将从 2021 年的 1120 万台跃升至 2025 年的 3000 万台以上。AR 眼镜产品形态未定型及价格尚未达到消费级水平，2020 年全球市场 AR 眼镜出货量（见图 2-40）约为 40 万台，随着技术升级、价格下降及头部厂商新产品推出，2022 年有望达到 500 万台（见图 2-40）。有媒体宣称，苹果 AR 眼镜未来 10 年销量累计破 10 亿台。随着开发资金的涌入、更好的开发工具及更快的网络（5G）的支持，将推动消费级市场增长。

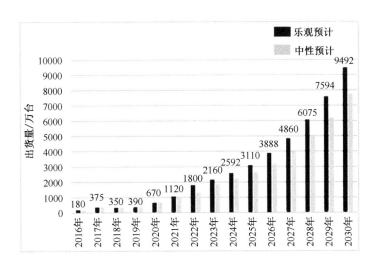

图 2-39 VR 头显出货量

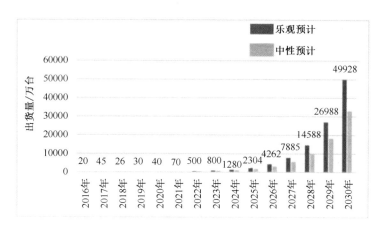

图 2-40 AR 眼镜出货量

2. XR 市场预测偏差与参考

赛迪数据显示，2020 年，中国 VR/AR 行业市场规模达 413.5 亿元，同比增长 46%。然而，相较于市面上国内外公司在 2016 年对 VR 行业的普遍预测，2016—2020 年实际发展规模远未达到预测数值（见图 2-41）。究其原因，一是技术条件不成熟，成本高昂；二是芯片性能屡弱，无法量产；三是市场和行业"内外割裂"，产生泡沫经济。

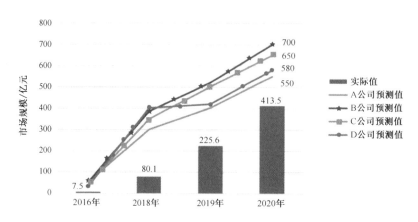

图 2-41 VR/AR 行业市场规模预测发展差异

2016—2020 年，VR 头显出货量约是 AR 智能眼镜出货量的 12 倍。目前，VR 技术痛点主要在于定位的精度、传输的速度及虚拟环境渲染以实现用户高度沉浸体验，台式机和游戏机市场对于预测 VR 市场发展有参考价值。AR 技术滞后于 VR 技术 2~3 年，AR 技术难点主要在于通过算力和算法的提升，从而在虚拟环境中重构现实世界的物体，手机市场对于预测 AR 市场发展有参考价值。新能源汽车市场属于非线性市场，对于预测 XR 的市场结构有参考价值。

3. XR 研发有利于近视者

2018 年，我国近视人口数量已超 6 亿人，是世界上近视人口数量最多的国家。2019 年，世界卫生组织发布的首份《世界视力报告》中指出，中国和韩国的城市青少年近视发病率高达 67% 和 97%。东亚国家近视发生率远高于世界其他国家和地区。近 10 年，中国近视人口数量变化及增速见图 2-42。全球各地区近视率变化见图 2-43。

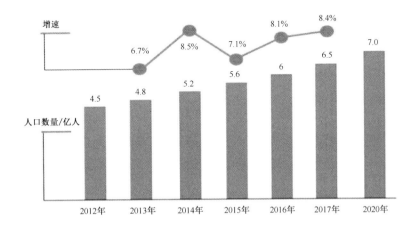

图 2-42　近 10 年中国近视人口数量变化及增速

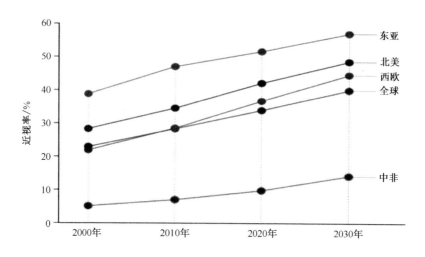

图 2-43　全球各地区近视率变化

　　VR 头显的未来发展方向是减轻电池重量，实现轻量化，提高佩戴舒适度。而 AR 眼镜的未来发展方向：一是纳入用户视力参数以调整光学透镜，解决散光、远视和近视等影响体验的视力问题；二是让眼镜的两块镜片互相独立，瞳距自适应，帮助用户获得更好的体验。

4．美国五大科技龙头企业在元宇宙领域的发展态势

（1）Meta

　　硬件方面，"Facebook Connect 2021 大会"上透露，2022 年Meta 将推出代号为"Project Cambria"的高端头显和代号为"Project Nazare"的 XR 眼镜。加上此前的 Oculus 系列产品，Meta将投入百亿美元加强硬件研发。

　　软件方面，通过布局 Horizon 系列元宇宙产品，实现社交娱乐功能的完善与工作场景优化，包括 VR 社交平台 Horizon Worlds、

VR 居家平台 Horizon Home 及 VR 工作平台 Horizon Workroom。

生态方面，2019 年 6 月 18 日，Meta 发布《Libra 白皮书》，宣布进入加密货币领域。Libra 锚定多国法币组成的"一篮子货币"（又称"稳定币"）。但由于多国合规质疑等原因，2021 年 Libra 更名为 Diem，并瞄准美元。Meta 同时积极推进数字货币钱包项目，其 Novi 已启动小规模试点。

投资方面，自 2014 年，Meta 共投资了 23 家与元宇宙相关的公司，涉及智能硬件、软件工具、计算机视觉、游戏等多个领域。比较重要的投资是 2014 年 Meta 以 20 亿美元（约合人民币 127 亿元）的价格并购了 Oculus VR 公司，随后又收购了多家与视觉显示技术有关的公司。

（2）微软

2021 年 3 月 31 日，美国陆军与微软签订了一份高达 219 亿美元（约合人民币 1395.6 亿元）的合同，微软将为美国军方提供至少 12 万套 AR 设备。

2022 年 1 月，微软以 687 亿美元（约合人民币 4378 亿元）收购动视暴雪，按营业收入计算，微软将成为仅次于腾讯和索尼的全球第三大游戏公司。此次收购将加速微软在移动、个人电脑、游戏机和云领域的游戏业务增长。旗下游戏设备 Xbox 未来专注于将游戏融入元宇宙。MR 智能眼镜 HoloLens 如今已迭代至第二代。微软 HoloLens 3 预计 4 年后发布，将会提高沉浸感、舒适度和社会接受度。

Mesh for Teams*将在现有的线上会议功能之上，加入一个名为 Mesh 的 MR 功能，允许不同位置的人们通过生产力工具 Teams 加入协作，共享全息体验。

（3）谷歌

注重软硬件结合，在硬件方面，开发 AR 眼镜、3D 全息视频 Starline 项目；在软件方面，有安卓系统及谷歌云计算。

（4）苹果

延续闭环生态链，为不同硬件设备开发搭建的 iOS、macOS、watchOS 等操作系统，彼此独立又相互连接。封闭的生态是苹果的核心资产，提供了更安全系统环境的同时也带来了"自闭"矛盾。因此，苹果先后布局 ARKit 和 App Clip，丰富 AR 软件生态。根据苹果官方数据，目前苹果拥有全球最大的 AR 平台、数亿台支持 AR 的设备，以及 App Store（App 应用商店）上的数千个 AR 应用程序。

（5）Neuralink

埃隆•马斯克旗下公司 Neuralink 致力于开发脑机接口，在人脑、动物脑与外部设备之间建立信息交换和连接通路。

5. 苹果发布 XR 将引燃市场

依托强大的底层技术、前端设备和内容场景基础，苹果有望将 AR 推入主流视野。

---

* 微软于 2021 年年底推出的面向 MR 的数字化生产力平台。

在操作系统方面，iOS 系统和 iPadOS 系统内置了增强现实支持功能。考虑到其产品在全球销量的领先地位，苹果拥有极为广阔的增强现实平台基础和用户群体。

在硬件设备方面，天风国际分析师郭明錤预测称，Apple XR 设备在 2023 年、2024 年与 2025 年出货量分别为 300 万部、800～1000 万部与 1500～2000 万部。苹果在芯片、近眼显示、声学、传感器、感知交互等关键技术领域积极布局。Apple XR 将装配强劲 CPU，其算力领先竞争对手的产品 2～3 年。

在开发者工具上，2017 年，苹果发布了增强现实开发者工具 ARKit，仅支持自有操作系统内开发。5 年来，ARKit 已经历 5 次版本迭代。苹果也发布了丰富的配套开发者工具，如 Reality Composer、Reality Converter，为开发者发挥灵感创意提供工具支持。

在内容场景上，App Store 提供上千款增强现实 App，支持增强现实的设备数以亿计。彭博社 Mark Gurman 称，苹果计划在 "Apple TV+流媒体服务" 中增加 AR 功能。

6. 美国游戏引擎已成垄断态势

近年来，随着中国游戏产业迅速发展，很多大型游戏公司不满足于现状，在制作游戏的同时也在尝试进行游戏引擎开发工作。游戏引擎是指一些已编写好的可编辑电脑游戏系统或者一些交互式实时图像应用程序的核心组件，这些系统或组件为游戏设计者提供各种编写游戏的所需工具，其目的在于让游戏设计者能快速地做出游戏程式。游戏引擎包含以下系统：渲染引擎（即 "渲染器"，含二维图像引擎和三维图像引擎）、物理引擎、碰撞检测、音效、脚本引擎、电脑动画、人工智能、网络引擎及场景管理。

游戏引擎作为游戏制作的基础，是整个游戏的底层代码，但又是独立于游戏之外的产品。

游戏引擎追求极致仿真和集约算力。在极致仿真上分为场景和人物。其中，场景需要提供更加细腻的光照、阴影、几何体构建参数设置，高度还原的场景使人身临其境；人物需要提供更加详细的动作参数设置，使人物动作更加逼真、合理。集约算力指从视听画面、场景交互等多方面提升沉浸感的同时，尽可能实现算力集约，以减少硬件负荷。

目前，国外游戏引擎长期处于垄断地位。Unity 是全球最大的游戏引擎公司，全球第二大游戏引擎公司为 Unreal Engine（虚幻引擎）。2020 年，全球收入排名前 100 的游戏开发工作室中，有 94 家是 Unity 的客户。2020 年第四季度，全球 Top 1000 移动游戏有 71%采用 Unity 引擎开发。而 Unreal Engine 占有全球商用游戏引擎80%的市场份额。腾讯于 2012 年 7 月以 3.3 亿美元（约合人民币 20.5 亿元）收购 Epic Games 已发行股本 48.4%的股份，Epic Games 如今已属腾讯的联营公司，且腾讯有权在 Epic Games 董事会上提名董事。

国产引擎仍有入局空间，不少公司和工作室开发自有引擎，如西山居自研引擎、网易不鸣工作室开发的混沌引擎 Chaos Engine、蓝亚盒子 LayaAir 引擎、Cocos Creator、网易 AKengine、完美时空 Angelica 引擎等。

第五节　脑机接口

作为全新的革命性技术,脑机接口(Brain Computer Interface)是建立大脑或神经系统与外部设备间信息交换的桥梁。脑机接口指在人或动物大脑与外部设备之间创建直接连接,实现大脑与外部设备的信息交换。在该定义中,"脑"指有机生命形式的大脑或神经系统,而并非仅仅是"mind"(抽象的心智)。"机"指任何处理或计算的设备,其形式可以从简单电路到硅芯片,再到外部设备或轮椅。"接口"等同于"用于信息交换的中介物"。脑机接口即"脑+机+接口",也就是在人或动物的大脑(或者大脑细胞的培养物)与外部设备间创建的用于信息交换的连接通路。人脑与四维空间见图 2-44。

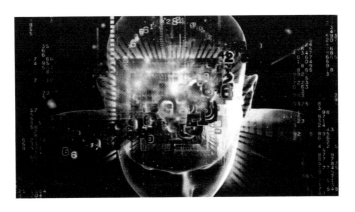

图 2-44　人脑与四维空间

这一概念其实早已有之，但直到 20 世纪 90 年代以后，才开始有阶段性成果出现。作为全新的革命性技术，脑机接口旨在建立大脑或神经系统与外部设备间信息交换的桥梁。其重要意义在于让人们能在身体的隐退中，实现更高阶的人机交互。脑机接口支持下的元宇宙，产生了全新的交互逻辑，真正实现"心想事成"的人机交互，虚实之界也将更加难以辨别。类似《攻壳机动队》《黑客帝国》（见图 2-45）等脍炙人口的科幻作品，已经为人们展示了脑机接口元宇宙一个可能的未来。通过大脑与电脑的连接，人们可以在虚拟世界中自由地获取信息、开展社交，甚至获取味觉、触觉等多种感官的体验。

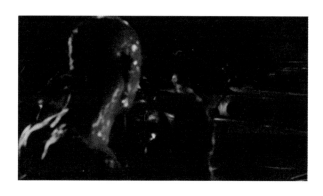

图 2-45　电影《黑客帝国》

在元宇宙中，脑机接口通过建立大脑和外部设备之间的信息通道，控制大脑信号的输入和输出，可以使自然人的感知增强、控制增强、决策增强，已然成为未来沉浸元宇宙的关键技术。"脑机接口之父" Miguel Nicolelis 曾提出一个宏大的愿景——把脑机接口带到全世界。脑机接口的技术进展对元宇宙的发展有着至关重要的作用，不仅涉及单方面的技术因素，同时包括脑科学、人工智能、传感器等多方面的发展情况。BrainCo 在康复领域推出了 BrainRobotics 智能仿生手（见图 2-46）和智能仿生腿（见图 2-47），让伤残人士可以完成正常活动；同时推出了 StarKids 注意力康复系统（见图 2-48），探索开发用于治疗自身自闭症的数字治疗手段。

图 2-46　智能仿生手

图 2-47　智能仿生腿　　　　图 2-48　StarKids 注意力康复系统

迄今，人类已经能够修复或正在尝试修复的感觉功能包括听觉、视觉和前庭感觉，人工耳蜗是迄今为止最成功、临床应用最普及的脑机接口。现阶段，体外感知设备可以提供视觉、听觉及部分触觉感受。随着技术的发展，未来还能实现味觉与嗅觉的感知，各种技术的不断发展会使交互体验更加完善。

脑机接口技术的应用前景非常广阔，如可以帮助人们直接通过思维来控制基于脑机接口的机器人从事各种工作。脑机接口机器人不仅在残疾人康复（如人工耳蜗）、老年人护理等医疗领域具有显著优势，而且在教育、军事、娱乐、智能家居等方面也具有广阔的应用前景。在很大程度上，脑机接口的前景决定了元宇宙的进度及可以达到的程度。但脑机接口技术的发展周期较长，随着脑机接口成为热门的投资领域，引发了许多其他领域的关键性问题，受制于技术、伦理、政策等方面，商业化应用情景处于逐步探索阶段，脑机接口元宇宙还有很长的路要走。脑机接口技术应用见图 2-49。

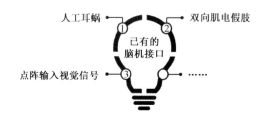

图 2-49　脑机接口技术应用

第六节　裸眼 3D

一、裸眼 3D 概念

裸眼 3D 是不借助 3D 眼镜等外部工具,实现立体视觉效果的技术的统称。

现阶段,LED 大屏实现裸眼 3D 是在多角度的二维画面中,借助物体的远近、大小、阴影效果、三维透视关系构建立体的观看效果。所谓裸眼 3D,其本质上就是利用视觉位移来"欺骗"视觉神经。众所周知,人眼的间距大约为 6cm,这就意味着,我们在看某个物体时,两只眼睛是分别从左右两个视点观看的。左眼看到物体的左侧,右眼则会看到物体的中间或右侧。当两眼看到的物体在视网膜上成像时,左右两边的影像结合起来,就会得到物体的立体感,而这种获得立体感的效应就是视觉位移。这些通过"量身定做"的裸眼视差视频内容可以让观众产生强烈的视觉冲击力,从而达到身临其境的观看效果。

裸眼 3D 内容的制作有两种方式。一种是使用视频文件进行播放。目前,我们在户外大屏看到的裸眼 3D 内容中,99%是以视频文件的播放形式呈现的,即"量身定做"一个具有裸眼视差的视频内容,这种视频在制作前需要在实际场地进行最佳观看位置的设定与评估,而后在三维软件中复现,人们只有在最佳观看位置进行观看时才能得到最好的显示效果；距离最佳观看位置越远，观看效果就越差，因为显示内容可能会出现折角和图像拉伸[1]。另一种是使用三维实时渲染引擎进行显示内容的实时渲染输出。这种方法需要具有强大三维渲染能力的图像渲染服务器支撑，利用三维实时渲染引擎可以实现显示内容的实时输出。先使用3DMAX/Maya进行显示内容的三维建模和内容制作，再把这些非实时渲染的内容导入专业的三维实时渲染引擎中。

裸眼 3D 的技术支持系统大致可以分为影像摄制系统和影像显示系统。影像摄制系统包括单镜头 3D 摄影系统、双目 3D 摄像机系统、多视摄像机系统。影像显示系统包括 LCD 裸眼 3D 显示屏、LED 巨幕曲面屏、OLED 裸眼 3D 显示屏。随着裸眼 3D 技术的不断普及，常规的拍摄 3D 照片和视频、观看 3D 电影、体验 3D 游戏已经屡见不鲜，进行 3D 建模将其应用于医疗、教育等领域已成为目前的大热趋势。同时，裸眼 3D 技术也在转型升级，朝着多视图显示及 2D/3D 实时转化方向发展，但是针对长时间观看会造成视觉疲劳等不适症状，技术公司正在集中攻克难关，努力提升液晶屏的分辨率，使裸眼 3D 技术应用朝着高舒适度方向优化。

二、裸眼 3D 与城市规划

裸眼 3D 的技术应用领域十分广阔，包括城市规划、广告传媒、医疗行业、科研教学、展览展示、设计领域等。由于摆脱了

---

[1] 于恩林. 户外裸眼 3D 大屏显示技术发展趋势分析[J]. 广播电视信息，2021, 28（10）：65-66.

头显设备的束缚，再加上本身具有内容直观、体验便捷的显著优势，使得该技术在商业与城市宣传方面具有得天独厚的优势。各地配备裸眼 3D 的商业区都已成为热门网红打卡地。

2019 年 5 月，韩国创意公司 d'strict 在首尔三成站的 COEX K-POP 广场设计了一个巨大的 LED 艺术装置——Wave（见图 2-50）。实际上，这就是一块巨大的裸眼 3D LED 曲面屏，整块显示屏由两个拥有超过 30000 个 LED 显示模块的屏幕构成，占地 $1620m^2$，相当于 4 个篮球场大小。为了让效果更加逼真，制作团队在屏幕上安装了音响装置模拟海浪拍打玻璃的音效，同时根据光线调整显示效果，最终展现出的逼真效果让观众从各种角度看都难辨真假。

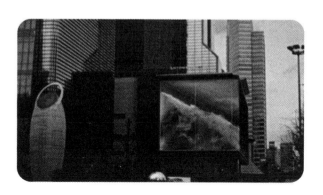

图 2-50　韩国户外裸眼 3D LED 显示屏——Wave

在国内，这样震撼的裸眼 3D 案例也很常见。2020 年 10 月，成都太古里街头裸眼 3D 飞船巨幕（见图 2-51）震撼点亮，炫酷的黑科技在显示瞬间就引爆全国乃至海外媒体转发评论，大量游客纷纷赶至现场感受巨幕带来的极致视觉体验，许多海外网友也对中国的"黑科技"疯狂点赞，刷新了世界对中国显示科技的新认知。重庆观音桥步行街的"3788 亚洲之光"巨幕（见图 2-52），户外大屏以"未来城市"为主题，太空飞船、机器人箭体在屏幕上一一呈现。据不完全统计，该裸眼 3D 项目在全网传播次数破亿。2020 年 11 月，"3788 亚洲之光"巨幕升级更新，再现了重庆标志性旅游景点——轨道穿楼。裸眼 3D 内容刚一上新，其逼真的立体视觉效果便引来了在场围观群众的连续欢呼与惊叹，市民与游客纷纷举起手机，记录这一场视觉盛宴。

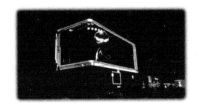

图 2-51　成都太古里街头裸眼 3D　　图 2-52　　"3788 亚洲之光"巨幕

飞船巨幕

三、裸眼 3D 与教育教学

在常规的课程教学中，3D 视频教学相比于 2D 视频教学能更生动形象地展现教学内容，提高学生的注意力和学习效率，以达到最佳的课堂教学效果。裸眼 3D 技术的出现和运用克服了戴眼镜看 3D 视频带来的眩晕感和视角受限等缺点。例如，在地理的地质结构、物理化学的物质结构、生物体的结构组成等一些基础知识教育中，应用裸眼 3D 技术可以使学生对物质的空间构造和运作原理有更深层次的了解，以降低学习难度，加深学生对原理和基础知识的记忆和掌握。裸眼 3D 视频可以重复使用，降低成本支出。对于那些设备和资源价格昂贵的实验，教师们可以通过相关的 3D 视频在课堂中演示，不仅能使学生更好地掌握所学的知识要点，而且节约成本和时间。此外，对于具有安全隐患的实验，利用裸眼 3D 技术可以减少各种不确定因素导致的危险。

在医学教育中，仅仅依靠课本中的图片和 2D 教学视频，学生无法细致全面地了解人体和器官的结构组成。同时，传统"师傅带徒弟"式的临床学习方式受老师专业水平、学习场所条件等因素制约，学习效果会大打折扣[1]。然而，若在课堂上利用裸眼 3D 视频进行教学，学生会更直观地认识人体各个器官及病灶的内外部立体构造与三维特征，方便师生之间的互动，不仅提高学生上课的积极性，而且节约老师讲解模型的时间，保证教学进度与质量。此外，裸眼 3D 视频资源可以并购到图书馆，作为共享学习资源让学生自主学习；还可以设立专门的裸眼 3D 学习教室，用于特殊教学。

四、裸眼 3D 与个人生活

裸眼 3D 技术在日常生活中与人的交互是多种多样的，在博物馆、康养文化馆内运用裸眼 3D 技术展示内容，更能使遨游其中的人感受文化的熏陶。在餐饮方面，裸眼 3D 菜单让客人更直观、清晰地了解每道菜的大小和状态，增强顾客的体验感。在阅读方面，裸眼 3D 阅读器使读者在翻页时有看纸质书的感觉，同时阅读器还能针对老花眼和近视眼自动调节文字模式，避免了戴眼镜的烦恼。在健身方面，受天气约束或者喜欢在家锻炼的人可以通过裸眼 3D 展示的健身教学视频，实时直播健身，互相交流心

---

[1] 王玲，拉佈旦白拉，胡革吉呼. 3D 视频在麻醉课间实习的应用[J]. 内蒙古医科大学学报，2017，39（S1）：416-418.

得。在服装方面，只要把每种服装和不同体型的人着装效果的视频录入裸眼 3D 显示器，顾客就可以根据颜色和体型的不同需要，点击相关的视频进行 3D 立体播放，从而更直观地了解服装的上身效果。这适用于不能试穿的服装店，不仅节约试衣间的安装空间，而且能吸引顾客[1]。

如果说以上的技术交互还停留在真人与技术的交互层面，那么，谷歌打造的全息视频聊天技术 Starline，则将裸眼 3D 技术推上了更高的台阶。这是一个可以替代一对一 2D 视频电话会议的 3D 视频聊天室。实际上，这是由高分辨率传感器、数 10 个景深扫描传感器及 65 英寸光场显示器重新生成的实时 3D 模型。谷歌表示，这一项目已开发了数年之久，其背后支撑是大量计算机视觉、机器学习、空间音频和数据压缩技术。为此谷歌还开发了一套突破性的光场系统，让人无须佩戴眼镜或耳机即可感受到逼真的体积和深度感。

我们可以想象实现这一技术的实现有多难，一方面，你需要让大脑认为有一个真人坐在离你不远的地方；另一方面，图像需要高分辨率并且没有伪影；此外，还有音频问题（系统需要让声音听起来是从对面人的嘴里发出来的），以及诸如眼神交流等小问题。谷歌致力于通过"真人"交互，实现"天涯咫尺"，让我们更加坚信裸眼 3D 有更大的开发潜力和开发前景。

---

[1] 宋晓燕，金佳斌，黄火梅，等. 裸眼 3D 显示技术的应用探讨[J]. 科技创新与应用，2021，11（28）：25-27.

第七节　虚拟人

一、虚拟人类别

1. 初级虚拟人

虚拟人是元宇宙的基础生命形态。虚拟人的种类有很多，目前市面上集中流行的虚拟人包括以下 4 个类型，分别是卡通萌宠型、真身复刻型、写实型和超写实型。4 个类型的算力成本依次递增，实现难度也依次递增。

初音未来、洛天依等虚拟二次元明星的出现，打破了过去名人偶像的次元边界。虚拟二次元明星逐渐被年轻一代广泛接受并且视为心目中的偶像。这意味着计算机图形技术与人工智能的结合将突破单纯的动画形象，取而代之的是具备交互能力的虚拟明星。

传统的卡通萌宠型虚拟人功能简单、执行快捷，往往具备语音功能、动作功能、表情功能、文本处理功能中的一种或多种。卡通萌宠型虚拟人通常借助计算机图形技术制作，利用三维扫描仪或 3DMAX、Maya 等三维软件建构或算法的自我迭代生成，并借助 AI 技术分析构造人物形象。此举突破了传统意义上以人为本的明星，拓宽了对明星的界定范围。这也意味着，在多媒体时代，基于虚拟技术，无论是在电影还是电视中，乃至全息投影技术制造的初音未来，都不再是埃德加·莫兰所提到的"银幕角色和演员（即片中人物和银幕外真人）的结合体"[1]。

次元壁*在现有技术水平下已被成功突破，虚拟技术进一步改变明星的呈现方式。早期，数字技术只能让虚拟形象在屏幕出现。随着技术的发展，全息投影、虚拟现实、增强现实及混合现实技术慢慢地改变虚拟形象的呈现方式。借助新技术，虚拟形象能够在一定程度上呈现于三维现实空间。虚拟明星这个特殊的虚拟形象依托计算机技术、动作捕捉技术、图形算法技术等，无论是在银幕之中的空间，还是在银幕之外，都受制于计算机技术，且人设可控性增强。虚拟形象还可以拓宽表演性，这是由于虚拟技术能够大大增强视觉效果，完成传统明星无法完成的动作。当然，虚拟技术对明星的影响远不止上述几点，随着技术突破，其影响将越来越大。

2. 虚拟人迭代

人工智能技术基于大数据分析，以海量数据为依据，通过神经网络学习，能够展示具有一定逻辑思维能力的虚拟形象。例如，苹果公司的 Siri 虽然只是在语音交互的层面，但已经具备一定的判断力。又如，人工智能增强虚拟明星的交互性方面，阿里巴巴旗下的天猫宣布，欧美时尚圈的虚拟影像"努努"成为其品牌

---

[1] [美]罗伯特·C. 艾伦，道格拉斯·戈梅里. 电影史：理论与实践[M]. 北京：中国电影出版社，2004.

* 次元壁是网络语言，指二次元和三次元之间存在的看不见的壁垒。次元壁的本质不是外在表现形式的差异，而是不同文化群体之间的沟通障碍。

代言人。"努努"的主要任务是看秀，并且具备和其他明星互动、为更多的消费者带来报道等功能。这足以说明，人工智能下的虚拟影像，已经具备一定的交互功能。

以上虚拟人还局限于卡通形象或无具体互动形象的阶段，而真身复刻型虚拟人则更上一层楼，实现了真人形象在虚拟世界的映射。真身复制型虚拟人由直播表演的动作控制驱动，使其平稳运行并实现交流任务。

写实型虚拟人的横空出世，标志着真身复刻型虚拟人已被迭代。写实型虚拟人既是对真身复刻型虚拟人的回应，也是对真身复刻型虚拟人的舍弃。写实型虚拟人的典型特点是虽非真人，但外观形态基本与真人一致，在生动性方面攀上了一个崭新的台阶，但是细节之处的算力运行仍然不足。

虚拟人真正完成迭代升级是超写实型虚拟人的诞生，相比于写实型虚拟人，他们真假难辨，每一根头发都像真人头发那般清晰可见，皮肤纹路的走向也与真人别无二致，甚至能够实现微表情的智能化匹配，拥有拟人化的思维和感知以进行互动和沟通。

当前，国内最火的超现实型虚拟人当属由中国联通沃音乐推出的安未希（见图2-53）。初见安未希，便能感受到她的特别，外表炫酷随性，一举一动又透露出满满的活力和元气。从宣传片中穿着牛仔套装、坐上汽车驾驶座等画面来看，她是一个灵动又神秘的"酷girl"；而更多场景中的安未希，如抓娃娃、等待时情不自禁地舞动身体、躺在床上慵懒放松等，生活日常与普通女孩一样，自然而又可爱。与真人的极高相似度正是超写实型虚拟人区别于一般虚拟人之处，而安未希在外表和性格上都做到了。外表上，通过 Autodesk Maya 进行 3D 人物的模型创建，完成 3D 动画、3D 特效的实现及角色创建，调节仿真的角色动画，渲染如电影一般的真实效果。同时应用了 8K 超高清、AI 视觉美化技术，实现各种滤镜及效果的美化，通过高达 8K 的分辨率，让整体画质变得更具质感，发丝和皮肤"几可乱真"，动作变化顺滑流畅。

图 2-53　虚拟人安未希

虚拟人安未希无比接近现实的背后，是联通沃音乐文化有限公司 5G·AI 未来影像创作中心强大的技术和硬件支持。在安未希的打造上，团队运用了国际顶尖的好莱坞电影光学动捕设备，结合惯性动捕技术和面部捕捉技术，实现对人体主要骨骼部位运动的实时测量，完成骨骼动作与数字人的绑定，将真人的日常动作习惯最大化地还原到安未希身上，完成真人动作、真人表情对安未希的实时驱动。同时，应用了"虚拟演播+AI视频合成+AI 剪辑"技术，实现"虚拟人+3D 虚拟背景""虚拟人+真实场景"的智能融合，为安未希的出道及后续的跨界合作奠定了基础。

二、虚拟形象关键技术——3D 捏脸

虚拟形象是虚拟人的表达基因，想要在社交元宇宙中驰骋睥睨，一个形象、一张脸是最基本的社交底牌。想要让虚拟形象更受欢迎、拥有更高的市场价值，3D 捏脸打造完美形象是其中关键的一环。

"爱美之心人皆有之"，现实世界中对物理颜值的追求在元宇宙中也一样。一张好看的脸是正向特征最表层且最显见的光环输出源。通过 3D 捏脸技术，个体有了重塑肉身的可能，自己掌控自己的颜值，自己塑造自己的形象，这种虚拟形象的私人定制行为，就是理想中自我的数字呈现，准确地说，是理想中的自己在元宇宙中的形态。用户 3D 捏脸部分成果展示见图 2-54。

图 2-54　用户 3D 捏脸部分成果展示

3D 捏脸的核心主旨是"千人千面，自我重塑"，所以人们对 3D 捏脸的效果往往更加追求差异化和个性化，同时出于安全保护意识也会对自己的原创数据进行妥帖保护，以防止盗取和外泄。虽然人人平权，但个人技术操作的差异和消费主义惯性由此催生了一批脸模产品的诞生。低阶的零售脸模和高级定制绝版脸模虽然位列脸模图谱的两端，但却共同见证了脸模产业的开端，并以此为出发点，带动了附加产业的蓬勃发展。例如，举办 3D 捏脸选秀大赛，打造"脸圈"原创内容平台，构建 3D 捏脸生态产业链等等。其他的发展走向可能超出"捏脸覆盖生活"，也可能超出"个人新建他人"，这些都是目前可以预见的发展趋势。何为"捏脸覆盖生活"？即对社交画像的再确认，社交画像这个在当下互联网平台再熟悉不过的词语，在元宇宙中，根据性格特征捏制专属标签，使用"价值锚点"，就能在元宇宙中实现自我价值的精准定位，由此展开崭新世界的生活图景。当元宇宙的触角从个人生活延展到个人消费，虚拟偶像便横空出世。毕竟无论是在现实世界还是虚拟世界，对偶像的消费属于高阶消费。在人人汇集的地方，超级形象就是超级品牌，用元宇宙的虚拟偶像打造专属元宇宙的偶像创造营，未尝不是颜值经济的一种新进化。目前，Soul 已有 3D 捏脸师约 80 位，3D 捏脸师的最高月收入为 4.5 万元。3D 捏脸师需要具备专业背景（如设计化妆、美术、建模等多学科领域），为捏脸形象的美学价值和经济价值保驾护航。在高水平捏脸师手中诞生的虚拟偶像，再加上文娱元宇宙的偶像包装手法，未来的元宇宙偶像事业更加让人翘首以盼。

三、虚拟人的进化目标

现实世界是元宇宙的能量来源，"元宇宙世代"必然要关注现实世界的稳定性。摆在虚拟人领域面前最现实的问题就是元宇宙均为算力的数字化表达。古语有言"我思故我在"，然而在元宇宙中却是"我算故我在"，算力成为基本的测量横线。随着虚拟人的迭代升级，算力也逐级递增。虚拟人的感知能力、拟人情绪化处理和全表达需要算力成本做支撑，只有这样，才能将"眼耳鼻舌身意"六识贴合呈现，将 3 种情感、7 种情绪、22 种情动和数千种微表情细致处理，最终实现脸、唇、音、肢体等智能化自然表达。虽然这些看上去十分艰难，但是在"元宇宙世代"，超越肉身限制的意外之喜就在于探索现实世界会更加便利。

虚拟人的进化目标是 AI 驱动，归真超实。要达到这个目标，需要向拟人化、同人化、超人化 3 个阶段依次迈进。拟人化阶段使用的是由计算机虚拟合成的高度逼真的三维动画人物，AI 在这一阶段可以用于前期的虚拟人建模，也可以用于后期驱动发音、唇形和面部表情等。输入既有新闻文本，不仅能实时进行信息沟通和反馈，而且能使其动作、形态、声音等与真人吻合。到了同人化阶段，此时的虚拟人在外观、情感、交流能力、理解能力等各方面与真人相同。通过情感算法技术，能实现与人类高质量情感互动，从外观的形态模拟进阶到情感的可交互。随着 AI 技术的进一步演进，虚拟人的能力将超越自然人，也就进入所谓的超人化阶段，虚拟世界中的"人"要去探索现实，会将虚拟实体化，再利用智能制造技术来组合成机器人，最终回到现实世界。虚拟人的测评指数见表 2-3。

表 2-3　虚拟人的测评指数

一级指标	二级指标	三级指标	
感知拓展（50%）	知觉	视觉	触觉
		嗅觉	听觉
		味觉	平衡觉
		运动觉	
	感觉	心境	激情
		应激	
	表象	记忆	想象
	意识形态	政治	法律
		道德	宗教
		艺术	哲学
	突破与觉醒	内省	存在
环境交互（50%）	智力	数理逻辑	音乐
		语言	人际
		空间	自然探索
		身体-运动	
	人格	经验开放性	宜人性
		责任心	情绪稳定性
		外倾性	

四、虚拟人的未来发展方向

虚拟人的未来发展将会实现多行业渗透，包括影视、传媒、游戏、金融、文旅等各个行业。影视行业的虚拟人特效广受市场认可，国家也会出台相关的扶持政策助推其稳健发展。此外，影视行业还会生产虚拟偶像（见图 2-55）和虚拟 IP，这些虚拟偶像和虚拟 IP 生命周期长、管控能力强，满足情感需求与精神寄托，能够使现实世界的真人获得极大的精神满足。传媒行业中，通过对虚拟人进行人格化训练，尤其是对主持人、主播的训练（见图 2-56），

图 2-55　虚拟偶像 Lil Miquela 　　　　图 2-56　元娲虚拟主播 新悦

使其能够提供专业性服务（如替代真人进行内容生产、提供智能精准回复），标准化和规范化也更上一个台阶。虚拟人在游戏行业的应用不仅在于简化和加快游戏制作过程，而且能够通过创建虚拟角色，加强玩家的沉浸式体验，提供替代真人的日常陪伴和关怀性陪伴，从而促进情感交流，在满足心理需求的同时提升生活品质。金融行业催生服务型"数字员工"，其能够在多业务场景、可视化交互、个性化服务等方面为现实世界的自然人带来更好的服务体验。也可打造虚拟导游，提供智慧旅游和虚拟旅游等服务，使文旅行业迎来新的发展机会。

总之，当下社会对元宇宙虚拟人版块的期待既要成本巨降，又要智能性骤升，致力于为人们打造一个服务型元宇宙而不懈努力。

第八节　高仿人机器人

一、高仿人机器人的发展历程

1. 高仿人机器人演进历史

高仿人机器人即实体化虚拟人，可以实现人机融生，是通过模仿人类的形态和行为设计制造的，具有人类的一些外形特征，如头、手臂、双足等。高仿人机器人的三大核心部件是 AI 大脑、躯干及运动能力，按照此标准和比例拼合而成的便是一个既有可控制运动的身体，又具有学习、判断、处理能力的高仿人机器人。从 19 世纪 70 年代第一台人形机器人面世，到双足机器人、四足机器人的出现，再到如今高仿人机器人的一次次的更新换代，技术难度一步步加大。如今，高仿人机器人面临的挑战已经跳脱了类人的形态和外在，而是高度拟人化的行为和运动能力。

最早的双足仿人机器人 ART-2 使用 Linux 操作系统，搭载机器人"运动脑"，采用双腿行走的步态设计和算法，解决了多种仿人机器人核心零部件的自主研发，实现了全身 36 个自由度，并在应用上取得了双足行走、物体抓取等类人运动功能的突破性进展。到了下一阶段，Walker 大型仿人服务机器人出现了，其最大的创新点在于相比于前序的机器人，这一代机器人在柔顺控制、智能安全交互等多方面实现了突破，将机器人带入日常生活。这是因为这一代机器人具备全方位的感知系统，兼顾力觉、视觉、听觉、平衡和U-SLAM 导航避障，能够通过 36 个高性能伺服关节灵活适应复杂地形的行走、自平衡及手眼协调。特斯拉机器人Tesla Bot（见图 2-57）推动了人形机器人的普及，特斯拉生产的机器人真正向人的形态跨域了一大步，脖子、胳膊、手、腿搭载了 40 个机电推杆，眼睛配置了 Autopilot 摄像头，胸腔内置特斯拉 FSD 芯片。特斯拉机器人能给我们带来怎样的惊喜，未来会推动怎样的发展，这一切都不得而知。

图 2-57　特斯拉机器人
Tesla Bot

2. 代表性高仿人机器人

2002 年，第一个获得公民身份的高仿人机器人索菲亚（见图 2-58）横空出世，她拥有高度仿生的橡胶皮肤，能做超过 62 种面部表情，还能借助"大脑"中的计算机算法识别人类的五官，与人类进行眼神接触。3 年后，机器人公司 Engineering Arts 研发的高仿人机器人 Ai-Da（见图 2-59），能通过仿生眼和手进行绘画。该公司将假肢技术、机器人学和艺术元素融合在一起，最终制造出逼真的高仿人机器人 Ai-Da。2020 年，清芸机器人（见图 2-60）仅用 1 年时间就迭代了 4 个版本，能做 100 多个动作，可生成数10 种表情，机器人上肢动作流畅度较高且可移动，后续 0.5 版将实现可行走。

图 2-58　高仿人机器人索菲亚

图 2-59　高仿人机器人 Ai-Da

图 2-60　清芸机器人（0.4 版清心）

二、高仿人机器人的应用场景

当高仿人机器人越来越生动形象，这些类人属性无形中决定了它可以承担自然人心理陪伴者这一角色。作为家庭陪护对象，高仿人机器人可以进入家庭，为老年人和幼童提供陪护服务，缓解育婴和养老压力。作为展示对象，高仿人机器人可以在科技馆、展览馆等进行展示，以及参加商业性活动、主持电视节目。作为功能服务型工具，高仿人机器人更是灵活多变，可以结合具体行业需求应用于不同领域。例如，在太空探索时，可以在外太空等危险环境中作业；在日常服务场景中，提供指引、资讯、陪护服务；在公共研究平台中，作为高校和机构的机器人实验室的科研对象，成为机器人教学、科研和二次开发的主要贡献者。

1. 服务机器人

根据国际定义，服务机器人与一般的工业机器人不同，服务机器人是一种以完成有利于人类健康的服务工作，并定位于服务的机器人[1]。服务机器人可进行打扫家务、教育、娱乐等活动，提高人们的生活质量。

服务机器人具有人形特征，并且大多可以进行语音交流和动作交互。服务机器人内置多种传感器和摄像头，可以充分模拟人与人之间的交互，并且通过深度学习算法可以在云端对人类语言进行语义分析，以便准确理解说话人的意图，进行无障碍交流。服务机器人可应用于多种场合，包括大型商场、家庭等。例如，智能迎宾机器人具有语音对话、视频讲解、身份识别、智能导航等多项功能，可应用于展厅接待讲解、银行服务、商场导购等场景。

2. 医疗机器人

医疗机器人是指用于医院、诊所的医疗或辅助医疗开展健康服务的机器人，主要用于患者的救援、医疗、康复或提供健康信

---

[1] 李永胜. 仿人服务机器人设计与开发[D]. 广州：广东工业大学，2017.

息服务，是一种智能型服务机器人[1]。医疗机器人可以提高患者医疗的品质与要求，给予患者更好的医疗体验；也可以辅助医生进行医疗工作，为医生提供相关的医疗服务。医疗机器人可分为康复机器人与手术机器人两类。康复机器人可以对人体康复情况进行评估，通过康复规律，设计人体康复训练方案并辅助人体进行康复训练。手术机器人是一种智能化的手术平台。手术机器人已运用于多个临床学科，其中，达芬奇机器人影响最广，通过三维成像、触觉反馈和宽带远距离控制，该机器人可以进行多项手术工作[2]。

三、高仿人机器人的伦理问题和法律问题

1. 伦理

对于未知的事情，我们要做到未雨绸缪。当机器人越来越接近人类，机器人也需要有一套属于自己的道德标准，以确保人类的主体地位不被动摇，文明得以延续。英国出台首个机器人伦理标准，是由英国标准协会（BSI）发布的一个官方指南，针对机器人设计者、机器人生产制造者提出的一系列严格、细致的要求，目的是让他们设计出来的机器人符合伦理规范，相较于"机器人三定律"[3]，这份指南更加具体且全面，告知我们什么怎样才能

[1] 胡洋洋，张文强. 医疗服务机器人现状与展望[J]. 中国发展观察，2016（14）：52-53.

[2] 安芳芳，荆朝侠，彭燕，等. 达芬奇机器人的"前世、今生、来世"[J]. 中国医疗设备，2020，35（7）：148-151+168.

[3] 匿名. 谈"机器人三定律"[J]. 伺服控制，2012（1）：24.

做出健康、安全的机器人。对于恐怖谷理论[1]，可以理解为横坐标是机器人与人类的相似程度，纵坐标是人类对机器人的好感度，人类会对行为举止极其像人类但又不是人类的东西感到恐惧，因为人类害怕自己无法掌控局面，生命受到威胁。要想使机器人能像人类一样思考，其中一种方法是基于深度学习建立模拟人脑进行分析学习的神经网络。这项技术不再通过编写程序让机器按照某种既定方式完成任务，当面对问题时，机器人将通过模拟高达数 10 万次不同的解决方式，自己探索最优策略。因此，他们需要海量的数据来支撑，这些数据的来源一般都是互联网，互联网上的信息十分混杂、包罗万象，有积极的，也有消极的，但机器人无法分辨正误，人类也不知道机器人到底会做什么、说什么、会带来什么影响。就目前的技术而言，是无法达到机器人大脑训练数据过程公开化和透明化的。这可能会给人类带来较大的影响，一是机器人可能会表现出对人类的性别歧视，具有种族主义倾向，缺乏对多元文化的尊重；二是人类过度依赖于机器人；三是影响经济的发展和人类的就业。

2. 法律

高仿人机器人涉及的法律有侵犯肖像权，有些高仿人机器人是仿照明星或名人的外形设计的，如人形机器人索菲亚[2]，"姚明"高仿真人投篮机器人。这样做一方面可以迅速集中社会的注意力，占领市场；另一方面是名人的肖像、声音、身材、神态等资源信

[1] 杜严勇. 恐怖谷效应探析[J]. 云南社会科学，2020（3）：37-44+187.

[2] 朱体正. 仿人机器人的仿人性及其多维意义[J]. 智能机器人，2019(1)：31-35.

息披露程度高，容易获取，会使制作的高仿人机器人更加逼真。在信息化时代，科技手段不断精进，这类高仿人机器人会被不法分子作为谋取利益的工具，隐藏着极大的风险。第 13 届全国人民代表大会第三次会议通过《中华人民共和国民法典》（人格权编），其中第 1019 条规定："任何组织或者个人不得以丑化、污损，或者利用信息技术手段伪造等方式侵害他人的肖像权。未经肖像权人同意，不得制作、使用、公开肖像权人的肖像，但是法律另有规定的除外。"我们应该借鉴国际经验，逐步制定和完善中国的人工智能和机器人技术风险治理规范，为创建人机和谐共生的智能社会提供有效的制度保障。

在未来的下一次升级来临之际，高仿人机器人的外观和大脑也制定了新的升级目标。从外观看，电子皮肤将让高仿人机器人看起来与人类更像。从内在看，通过开发模仿人脑中信息处理方式的半导体来克服机器人无法基于较低能量效率完成复杂认知任务的局限性，使人工智能系统成为高仿人机器人的大脑。

第九节　区块链与数字人民币

一、区块链

（一）区块链的发展现状

区块链是新经济的信用基础技术，能够实现参与者共享控制权，且具有数据无法篡改、可供追溯、拥有形成信任机制的天然优势。国内首个自主可控区块链软硬件技术体系——长安链（见图2-61）是由国家发展改革委、科技部、工业和信息化部、中国人民银行、国务院国资委、国家税务总局、国家市场监管总局、北京市人民政府联合指导，国家电网、中国建设银行、中国人民银行数字货币研究所等 27 家成员单位共同发起，致力于为构建高性能、高可信、高安全的数字基础设施提供新的解决方案。

图 2-61　长安链

目前，我国大多数企业已经将区块链技术在各个领域进行应用和落地，这其中得益于政府关于区块链政策实施和推进。尽管一系列应用落地项目持续出现，但应用落地模式的多元化还有待探索。此外，区块链技术之所以被大众知晓，源自中央和地方政府对区块链产业的积极部署。2020 年，我国区块链技术有关的政策文件累计 217 份，可以看出，我国正在积极推进区块链产业建设，支持相关技术应用落地。地方政府根据自身优势，制定实施区块链技术应用政策，并加快区块链技术在多个领域的应用。金融、政务服务、公共服务等是区块链技术率先应用的领域，同时区块链技术也在农业、商贸、公共卫生、知识产权等领域持续应用。北京、河北、江苏等地已率先发布关于推动区块链产业发展的政策，设定各地区块链产业发展目标，统筹规划当地产业生态合理健康发展。

截至 2019 年，全国 23 个城市建立了 30 多个区块链技术产业园区，通过以产业园区服务企业发展的理念，加快打造区块链自主创新平台，为形成产业集聚效应提供基础。2018 年，我国区块链企业新增数量迎来高峰，但 2019 年起，受风险资本热情减弱、投资自然回落等因素影响，区块链企业新增数量大幅下降。2020年年初，已有超过 80 家上市公司涉及区块链技术领域，积极部署其在供应链金融、资产管理、跨境支付、跨境贸易等领域的应用。目前，我国区块链技术的应用正在向政务数据共享、供应链协同、跨区域贸易等自动协作和价值互联迈进。随着区块链技术应用落地速度的加快，与"互联网+"类似，"区块链+"业务已经成为互联网企业进入区块链行业的发展重点。除了金融行业，积极推进互联网、溯源、供应链/物流、数字资产、政务及公共服务、知识产权、法律、医疗等多领域的应用。未来，区块链的发展也将紧随国家发展步伐，工业和信息化部、中央网信办《关于加快推动区块链技术应用和产业发展的指导意见》中指出："到 2025 年，区块链产业综合实力达到世界先进水平，产业初具规模。""到 2030 年，区块链产业综合实力持续提升，产业规模进一步壮大。"

放眼全球应用区块链的国家，对于区块链的认知和行为主要分为支持发展和谨慎监管两类。以美国、英国为代表的国家对区块链持支持发展态度，出台战略性政策加以规划和引导。特别是美国除敏感的金融领域外，区块链政策已逐渐由监管转为支持。但是，美国的区块链应用主要集中在地方政府层面。例如，纽约州将借助区块链技术的虚拟货币明确货币价值[1]，特拉华州利用区块链数据库进行记账[2]等。以新加坡、瑞士为代表的国家对区块链发展持谨慎监管态度。新加坡是较早承认数字货币主体合法化的国家，也是全球数字货币头部交易平台最集中的国家之一。目前，新加坡正尝试各类区块链应用创新，努力抓住区块链的技术优势维护世界金融中心的地位。需要强调的是，美国是区块链技术应用最早的国家，英国是国家战略层面重视区块链发展的先驱者，而新加坡是数字货币与数字资产监管较早的国家。美国、英国、新加坡作为区块链发展和监管的前沿国家，其发展经验和应用成效具有重要的借鉴意义。

（二）区块链技术在经济领域的应用方向

1. 发展直接生产及服务的数字化产业

数据增值类服务企业是利用信息与通信技术来从事数字化生

---

[1] Dewaal G, Dempsey G. New York BitLicense regulations virtually certain to significantly impact transactions in virtual currencies[J]. *Journal of Investment Compliance*, 2015, 16(4): 59-65.

[2] Song W. Bullish on blockchain: examining Delaware's approach to distributed ledger technology in corporate governance law and beyond[J]. *Harvard Business Law Review*, 2017, 8: 9-20.

产和服务的企业，其主要业务方向是数据的挖掘、采集、存储、加工分析、可视化和交换交易等。通信技术变革提升数字核心技术创新能力，促进智能产品、软件开发、通信服务、系统集成等领域的生产及服务，有助于虚拟现实、智能穿戴设备、人工智能等新兴、前沿的相关产业发展。

2. 整合区块链和其他数字经济核心技术以取代传统技术形成新兴产业

数字技术与传统产业的融合与发展是通过技术替代实现的。数字技术取代了传统的低效率生产技术，通过发展新的业务模式（如设备智能制造、数字化村庄等），优化资源配置，促进数字化转型和智能化转型，提升行业的质量和效率，其中包括智能制造、数字农业、智能绿色能源等产业。

3. 区块链等数字经济核心技术渗透工业和服务业形成新兴产业

数字经济具有渗透性和扩散性，数字技术向工业和服务业的渗透促使传统产业数字化转型，同时创新商业模式及商品服务。通过数字经济核心技术的渗透效应，逐渐形成基于第三产业的新兴产业，包括智慧旅游服务、智慧健康服务、电子商务、数字金融、智慧物流、数字文化创意、互联网平台经济、培育共享型经济发展等产业。

二、数字人民币

数字人民币开启了中国金融的新时代。依托区块链技术，中国人民银行贸易金融区块链平台（以下简称"平台"）渐成体系。2018 年 9 月 4 日，粤港澳大湾区贸易金融区块链平台在深圳正式上线试运行。2018 年 11 月 29 日，平台为比亚迪集团成功办理了600 万元跨境融资业务。2019 年 7 月 4 日，平台正式进入业务拓展期，由最初的供应链应收账款融资，拓展为供应链应收账款多级融资、跨境融资、国际贸易账款监管、对外支付税务备案表四大应用场景。

数字人民币是中国人民银行（以下简称"央行"）发行的法定货币，其作用在于部分代替目前流通使用的纸币和硬币，是一种以数字技术为依托的现金货币。数字人民币和传统货币相同，都是由央行统一发行和管理的，与传统货币效力相同，并不是脱离于人民币体系之外的特殊货币。由于数字人民币的这一特点，必须实行以央行为中心的管理模式，并和传统货币的发行和投放相同，采用两级投放模式，即由央行发行，再经由商业银行兑付给公众。和传统货币相比，数字人民币只是货币的媒介形式上转变为数字化，但其管理和运营体系并没有从根本上发生改变，这对于人民币的管控而言是必须坚持的。在技术方面，数字人民币通过充分的市场竞争机制来保证技术的可靠性，多家数字货币研发机构优中选优，以确定最终的技术路线。在交易隐私匿名方面，数字人民币能够有效地保护交易者的隐私安全，只有央行才能对交易双方的信息进行记录，其他机构或个人是无法获取交易者个人信息的。因此，使用数字人民币能有效地加强对货币的监督管理，同时也对个人隐私起到了很好的保护作用。在数字人民币使用方面，它并不具备投资功能，只是起到替代 M0 的作用，现阶段对我国金融体系影响较小。

（一）数字人民币与互联网平台

国内互联网平台积极响应数字人民币系统建设工程，京东、美团、饿了么、天猫超市、滴滴出行等 49 家知名平台均已接入数字人民币平台。截至 2021 年 12 月 31 日，数字人民币试点场景已超过 808 万个，累计开立个人钱包 2.61 亿个，交易金额突破 875.65 亿元。各家互联网公司和技术公司都在积极探索属于自己的区块链优势，以此换取新金融时代的领先位置和话语权。蚂蚁区块链科技、华为云区块链引擎、百度超级链、京东数科等区块链（见图 2-61）竞争风起云涌，数字经济时代"基建工作"正如火如荼地开展。

（二）数字人民币与金融行业

1. 对我国货币政策的影响

数字人民币的发展和应用将有助于扩大央行实施货币政策的空间，如果央行支付数字人民币的利息，那么央行将创造一种新的价格货币政策工具。当数字人民币利率高于央行存款准备金利率时，央行将提高存款准备金利率，使数字人民币利率成为存款准备金利率的下限。由于数字人民币具有数字化的特点，可以快速、准确地记录资金的流量和存量，帮助央行解决货币政策传导不畅、资金"从实到虚"等问题，达到定向扶贫的目的，提高政策准确性和资金使用效率。同时，央行可以根据数字信息分析数字人民币的运行特点，总结相关规律，制定更加合理的前瞻性货币政策，有利于提高央行货币政策的有效性，防范和化解重大风险，从而显著提升经济稳定性。

表 2-4　国内部分区块链平台统计

名　称	理　念	Logo
蚂蚁区块链科技	致力于打造数字经济时代的信任新基建	
华为云区块链引擎	华为自主研发的满足企业级和金融级的可信、协调要求的高性能、高安全的区块链技术服务平台	
微众银行区块链	国内首家互联网银行	
百度超级链	拥有链内并行技术、可插拔共识机制、一体化智能合约等多项国际领先技术，具备全球化部署能力	
趣链科技	构建下一代可信任价值交换网络核心技术及其平台	
杭州云象网络技术	全球领先的金融数字化解决方案供应商	
数秦科技	以创新、开放、高性能的场景化区块链产品服务，助力产业升级	
京东数科	致力于为金融机构、商户与企业、政府及其他客户提供全方位数字化解决方案	
布比(北京)网络技术	坚持自主研发以高性能、高扩展、高安全及合法合规的特性支撑商业应用	
欧科云链	中国本土成立时间最早的区块链企业之一，旗下现有多个业界知名品牌及实体	

2. 对金融机构经营方式的改变

从短期来看，数字人民币的发展与商业银行并没有直接的竞争，但如果数字人民币成为人们主要的支付方式后，金融机构的经营服务方式必然会发生重大改变。一方面，传统的基于实体银行的线下服务将会逐渐减少，转变为基于互联网的线上服务。另一方面，数字人民币的存取更加方便快捷，使存取款交易成本明显下降，人民币的流通频率增加，对银行系统的网络性能产生较大的影响。因此，现有的金融机构体系也需要从硬件设施上投入更多的网络服务器设备，来应对日益增加的线上人民币存取服务需求。

3. 对金融从业人员的影响

数字人民币使用过程很多都在网络上完成，线下定点银行提供的人工服务将会大幅减少，从而提高银行的服务效率，对银行降低经营管理成本也有提升作用。但对于传统的金融服务人员是一个明显的冲击，银行柜员、金融机构后勤、安保等服务人员将会面临着失业的问题。

4. 对金融监管水平的提升

使用数字人民币进行交易不仅继承了传统纸币的点对点交易和即时支付的优势，而且弥补了纸币容易丢失、容易破损的问题，同时数字人民币的使用在央行存有记录。数字人民币以数字方式交易，无须第三方干预，资金也不必局限于金融机构，提高了资本运营的透明度和可信度。同时，监管部门能够准确监控资金的流动和存量，打击偷税、腐败、洗钱等违法犯罪行为，大大提高我国金融业的监管水平，维护金融市场的稳定。

第十节　数字孪生

一、数字孪生技术保障

数字孪生的本质是基于物联网数据，通过人工智能和大数据分析建立现实物体全面、动态的虚拟镜像。数字孪生并非简单的复刻和投射，而是致力于搭建未来虚实共生环境的信息感知、智能控制的基本渠道，期望建立现实世界和虚拟世界之间实时、动态、全面的联系。德国西门子于 2004 年收购了 CAD 厂商 UG，一路并购 CAE、Camstar、MOM、Mentor、Capital 等形成完整的工业软件，并提出数字孪生的概念，基于当前硬件的算力、全场景研发等提出产品生命周期的数字孪生方案。NASA 专家约翰·维克斯（John Vickers）表示："数字孪生的最终愿景是在虚拟环境中创建、测试和建造设备，只有当它达到我们的要求时，我们才会实际制造它。然后，我们希望该设备通过传感器连接回它的数字孪生，以便我们获得所需的信息"。简而言之，数字孪生是实现整个星球的智慧感知和动态拟真。为了能够实现现实镜像和沉浸推演的结果，须从以下 4 个方面做到技术保证。

（1）沉浸可视：结合 VR 和 AR 技术，实现模型 3D 可视化和沉浸交互。

（2）实时映射：基于海量动态信息构建孪生模型，全方位、实时掌握设备的制造流程与使用情况。

（3）同步诊断：模拟现实中的各种条件，在产品研发过程中发现潜在的改进点与风险点。

（4）推演预测：孪生体可以推演本体的下一步发展趋势并进行干预。

二、数字孪生应用领域

目前，城市治理需求非常旺盛，大数据通过可视化技术，形成数据决策和数据监测的新方案，进而催生全新的生产管理和智慧运营新场景。在城市管理领域，通过对城市要素进行全景可视化和动态智能管理，可以实现对复杂状况的实时监控、智能分析与模拟预测，降低城市管理中的随机性，对城市管理进行宏观统筹。在制造业领域，通过数字孪生构建的孪生工厂可以把实体工厂的每个车间、每条流水线、每台设备、每个人员、甚至每个动作都进行模拟，从而全方位掌握生产过程，及时发现生产瓶颈，优化管理模式。在农业领域，数字孪生技术同样可以大展身手。传感器可以获取土壤、气候与农作物的信息，从而把握农作物的生长规律、监控农作物的健康状态。个人医疗健康领域也有数字孪生的用武之地，利用疾病数据库与穿戴式传感器构建患者的数字模型，数字孪生技术可以帮助使用者提前发现疾病迹象、模拟手术预演和医疗协作。接下来就具体应用领域详细展开。

1. 孪生工厂

制造业领域中，企业自动化和信息化水平的提升带来了大量多源异构和异地分散的数据。数字孪生技术通过将数据进行处理、清洗和强化，释放数据价值，将物理对象的各种属性映射到虚拟空间，实现对产品和生产线的设计与优化。

在产品设计阶段，数字孪生技术能够应用于产品和生产线的设计和验证过程，通过在虚拟的数字孪生空间进行零部件的修改调整和产品的装配，以及在虚拟生产线中进行设计优化和问题诊断，提升产品生产前的验证效率，从而大幅减少迭代过程中的工期及成本。以高度精细化的汽车生产线为例，其较高的固定资产投资和生产成本始终是工厂规划和生产运营所要面对的高要求。为确保更高的设备开动率和通畅的物流系统，汽车制造业企业已着手部署和应用数字孪生技术，基于工艺流程、物流逻辑和实际调度规则，建立虚拟生产线，对零件的入库、出库、分拣及货架的规划进行验证和优化。在产品生产阶段，数字孪生能够将分散在不同信息化系统中的数据进行整合，以实时掌握生产现场中产品、人员、设备、物料等资源和状态的动态变化，减少因生产线发生故障引起的停机停产。

2. 智慧建筑

在智慧建筑领域，数字孪生技术理论与建筑信息模型（BIM）技术、精益建造理论方法相结合，集成人员、资源、技术和场景，管理建筑物生命周期的全过程要素，以此为基础，实现人居环境开发和体验的智慧化应用。

与制造领域相似，数字孪生技术可应用于建筑的规划设计、建设实施和运营维护等方面。据统计，在已实施的数字孪生建筑项目中，建筑种类涵盖公共综合楼宇、科技展馆及工厂园区建筑

（如老旧厂房和新建厂房等）。对于公共综合楼宇的数字孪生项目，通过融合 BIM、倾斜摄影、设计文件、3D 模型中的数据，建立逼真的数字孪生世界，实现人、地、事、物的全面运营管理，包括可视化、保安监控、门禁、报警、消防等功能。未来，市场还将诞生针对机场、高铁站、体育场馆等功能性繁多的公共区域的数字孪生应用成果，建设通用的预防性管理、节能管理、空间管理等标准化功能模块。工厂园区建筑的数字孪生项目有助于企业实现数字化转型的目标。一方面，通过实施工厂园区建筑的数字孪生项目，不仅能满足业务扩充的需求，而且能够为新技术的发展提供良好的保障。另一方面，工厂园区建筑的数字孪生项目有助于实现制造业企业的数字化管理，通过数字孪生技术实现建筑的精准映射，模拟厂房环境内的行为，管控资源和能源，对建筑可能产生的不良影响和潜在危险进行预警和改善，降低厂房建筑的运营成本。

3. 智慧城市

数字孪生城市是数字孪生技术在城市层面的集成化应用，通过构建城市物理空间与网络空间对应、映射和协同交互的复杂系统，在网络空间再造一个与之匹配的数字孪生城市，实现城市全要素的数字化和虚拟化、城市状态的实时化和可视化、城市管理决策的协同化和智能化，可以提升城市规划施工、管理运营等方面的建设水平，并进一步支撑智慧公共服务、政务服务的建设。《中华人民共和国国民经济和社会发展第十四个五年规划和 2035 年远景目标纲要》中已明确提出"探索建设数字孪生城市"的总体目标，以推动加快数字化发展，建设数字中国。在各地出台的"十四五"规划文件中，也重点提及了数字孪生城市等内容。我国推动城市数字化和智慧城市建设潜力巨大，在全球近 1000 个提出智慧化发展的城市中，中国城市占据全球数量的 48%。统计显示，2019 年，中国新型智慧城市市场投资规模达到 9000 亿元，其中，安全综合治理、智慧园区建设和城市智慧交通建设成为重点，这 3 项细分场景投资占总规模的 71%。

目前，我国许多老旧城区和经济新区的建设运营已应用数字孪生技术，面向城市现状分析、规划、建设、运营、再建设 5 个阶段，将土地、建筑、水体、路桥、管线、管廊等地上地下基础设施和空间资源全面数字化，以数字空间为载体，打造能感知、有温度、会思考的数字孪生城市[1]。

4. 智慧医疗

在智慧医疗领域，数字孪生技术能够基于患者的健康档案、就医史、用药史和可穿戴设备中的数据在云端为患者建立"医疗数字孪生"，模拟人体运作，实现对医疗个体健康状况的预测分析和精准医疗诊断。同时，数字孪生技术也能对社区居民（尤其是老年人）的日常行为活动姿态和健康风险情况进行监测和预警。

医疗数字孪生应用的实现基础是数据的采集和医疗模型的构建。医疗的关键数据包括场景数据、人物数据与个体生理健康数据等。场景数据包括家庭成员居所、社区服务场所、养老机构等。人物数据包括人体姿态数据和人体活动轨迹数据。目前，人物数据收集主要利用终端的深度执行算法，结合视频数据，利用人体

---

[1] 贾仕齐，韩丽，秦潮，等. 数字孪生应用与标准化需求研究[J]. 信息技术与标准化，2021，（11）：18-22+30.

部位数据库,自下而上得到关键骨架和关节点,形成人体骨骼图。个体生理健康数据源自家庭成员在社区的健康档案和就医史、用药史等。医疗模型的构建阶段则基于数据采集的成果,建立患者或医疗资源的模型、医疗能力模型和人体健康模型,实现物理设备和虚拟模型全要素、全服务、全流程的数据集成和聚合。基于上述数据采集和模型构建的成果,医疗数字孪生可实现的典型应用场景包括急性/慢性病实时监控、历史性疾病预测、新型疾病预测、流行性疾病诊断、普通疾病诊断等。

第 3 章
元宇宙场景应用

第一节　元宇宙与数字经济

"数字经济"一词最早由唐·泰普斯考特于 1996 年提出，是基于信息技术和通信技术带来的经济形态[1]。近年来，互联网、大数据、区块链、云计算等技术不断发展，与我国经济社会日益融合，逐步辐射到经济社会的各个领域与生活的方方面面，各国也出台相关政策鼓励数字经济的发展。

党的十八大以来，我国高度重视数字经济的发展，并将其上升为国家战略。2016 年，在十八届中央政治局第三十六次集体学习时习近平总书记强调，要做大做强数字经济、拓展经济发展新空间。同年，在二十国集团领导人杭州峰会上习近平总书记首次提出发展数字经济的倡议，得到各国领导人和企业家的普遍认同。2017 年，在十九届中央政治局第二次集体学习时习近平总书记强调，要加快建设数字中国，构建以数据为关键要素的数字经济，推动实体经济和数字经济融合发展。2018 年，在中央经济工作会议上习近平总书记强调，要加快 5G、人工智能、工业互联网等新型基础设施建设。2021 年，习近平总书记在致世界互联网大会乌镇峰会的贺信中指出，要激发数字经济活力，增强数字政府效能，优化数字社会环境，构建数字合作格局，筑牢数字安全屏障，让

---

[1] 沈晓平，吴素研，刘利永. 中国数字经济与国民经济的关联效应分析[J]. 统计与决策，2022，38（04）：27-32.

数字文明造福各国人民。2021 年 10 月 18 日，在中共中央政治局第三十四次集体会议时习近平总书记强调，要把握数字经济发展趋势和规律，推动我国数字经济健康发展，数字经济正以前所未有之势席卷全球，并日益成为重组全球要素资源、重塑全球经济结构、改变全球竞争格局的关键力量[1]。

史蒂文森在《雪崩》中这样描述元宇宙："戴上耳机和目镜，找到连接终端，就能够以虚拟分身的方式进入由计算机模拟、与真实世界平行的虚拟空间。"[2]在几十年前看来，这似乎带有强烈的科幻色彩，要想实现元宇宙或许要在很久以后的未来。然而，随着互联网、XR 等技术的不断发展，元宇宙的实现不再是史蒂文森的想象，而是数字社会的现在，并将带来经济社会的重大变革。

元宇宙以数字技术作为机理，奠基于数字货币，并由一系列集合式数字技术和硬件技术同步涌现所支持的、人类生活深度介入的虚拟世界及生存愿景，其核心是以区块链技术为基础的一种新型数字经济的发展[3]。当数字化改革遇到元宇宙的时候，开启了"数字经济发展 2.0"的新赛道，为数字经济发展提供了新机遇。

---

[1] 习近平: 不断做强做优做大我国数字经济[J]. 中国建设信息化，2022，(03)：2-3.

[2] 叶真. 数字经济下一站，是元宇宙吗？[N]. 新华日报，2021-11-03(013).

[3] 袁园，杨永忠. 走向元宇宙：一种新型数字经济的机理与逻辑[J]. 深圳大学学报（人文社会科学版），2022，39（01）：84-94.

一、布局元宇宙新赛道，构筑数字经济新优势

元宇宙所产生的数字经济与此前的数字经济不同，是一种创生的新型数字经济，主要逻辑来自数字货币的诞生与数字法币的发展，以及围绕着数字资产而展开的一系列新的经济生产和商业模式。支撑这种新型数字经济逻辑的重要架构是数字货币成为从争议性的加密货币到多国央行发行数字法币的共识。

依托于区块链分布式记账技术的新型数字资产在元宇宙中以NFT 或 NFR 形态存在，将带来一系列商业模式的变革和经济生产、流通、消费模式的重组。数字身份为数字资产的创造和消费提供了新经济模式，数字资产与现实资产的双向流通创造新经济体系。在以"认同"决定价值的元宇宙经济体系中，精神价值、历史价值、审美价值等复数价值的"资产化"兑现拥有了技术基础，数字生产和消费呈现与物质世界生产和消费不同的经济规律和价值逻辑，从而催生更为丰富和多元的数字经济业态，并极大扩充人类经济的总体量。元宇宙经济预示了人类生存方式扩容、转型的潜在经济社会进程。

因此，要想构筑数字经济新优势，就得加快元宇宙的布局，具体体现在以下 7 个方面。

（1）加强关键核心技术攻关。聚焦于数字孪生、XR、脑机交互、全息影像、AI 和区块链等涉及元宇宙的核心技术。

（2）加快新型基础设施建设。加快元宇宙基础设施建设，包括综合性、智能化的信息基础设施和超高性能的算力基础设施。

（3）推动数字经济和实体经济融合发展。基于元宇宙时空拓

展性、人机融生性、经济增值性，实现元宇宙与第一产业、第二产业和第三产业的深度融合。

（4）推进重点领域数字产业发展。围绕集成电路、新型显示、智能硬件和通信设备等重点领域，推进元宇宙相关的数字产业快速发展。

（5）规范数字经济发展。坚持"在发展中规范，在规范中发展"原则，规范元宇宙经济发展秩序，数据风险和经济风险应尤为受到关注。

（6）完善数字经济治理体系。完善体制机制与元宇宙及相关行业自律机制，从安全预警、风险防控机制和能力建设方面完善治理体系。

（7）积极参与数字经济国际合作。围绕"双循环"新发展格局，积极开展多双边数字治理合作，维护多边治理机制，提出元宇宙发展的"中国方案"。

二、产业元宇宙：赋能、升级、一体化

在全新的"产业数智化革命"中，产业元宇宙将成为实体经济的重要组成部分。从现实社会文明沉淀的数字化智慧，到 AI 辅助现实社会的生产过渡，再到虚实两个社会的共融发展。在传统产业发展逐渐成熟的背景下，细分用户市场内卷竞争在各个行业异常激烈，针对如何打破僵局开拓新路这一问题，元宇宙引发了"概念先行，产业随后"的传媒产业革命。元宇宙的产业革命大致分为 3 个阶段，分别为产业孪生阶段、产业链元宇宙阶段及元宇宙的产业成熟阶段。

1. 产业孪生阶段

第一阶段是产业孪生阶段，各行业制定各自的元宇宙发展方案，通过元宇宙赋能本行业的发展，提升产业效能。

产业元宇宙在很大程度上依赖于底层的技术支撑，网络环境、虚实界面、数据处理、认证机制、内容生产五大要素共同构成了元宇宙的技术底座[1]。各个行业若是想布局元宇宙，要积极加快技术更新，通过技术赋能产业，制定合理的发展计划，充分释放产业的活力，提升产品的经济价值。例如，医疗行业在元宇宙中可以利用虚拟场景做医学实验（见图3-1），不仅能够完成现实生活中囿于条件限制不能完成的实验，而且可以通过虚实结合来应对复杂的医疗疾病，减少手术中的误差。假设你今天胃疼，需要看看自己的胃出了什么问题，你就可以进入自己的医疗元宇宙，派纳米机器人检查一圈，如果发现胃里有很多细菌，通过电脑的回车键就可以清除这些细菌。又如，建筑业可以在元宇宙中根据现实情况测量地基深度、楼层高度等；地理学家也无须深入原始雨林等危险地带，便可获得当地的地质材料等。

2. 产业链元宇宙阶段

第二阶段是产业链元宇宙阶段，也就是元宇宙产业升级的阶段。在该阶段，需要形成上下游关系链的各产业分别打通元宇宙入口，产业升级带动产业链发展，进而带动国家整体的产业进步。

---

[1] 闫佳琦，陈瑞清，陈辉，等. 元宇宙产业发展及其对传媒行业影响分析[J]. 新闻与写作，2022，（01）：68-78.

图 3-1　利用虚拟场景做医学实验

元宇宙赋能各行业可生成两条产业链，分别为横向的元宇宙产业链和纵向的元宇宙产业链。横向的元宇宙产业链指的是各个行业聚集在元宇宙中，通过技术赋能相互连接，形成同现实世界一样的商业网络，推动行业外部升级。简而言之，在元宇宙社会中，旅游业可以与航天业相互连接，太空旅游或成为人类新的娱乐方式。纵向的元宇宙产业链指的是行业内部的链接。例如，在建筑元宇宙中，可以连接所有与建筑有关的行业，共同推动行业内部升级。

3. 元宇宙的产业成熟阶段

第三个阶段是元宇宙的产业成熟阶段，也就是产业一体化阶段。在该阶段，各条产业链高度发达后，就会形成以产业为节点的网状产业链，进入产业元宇宙的更高阶段，在其中寄生的各产业将实现元宇宙上的产业成熟。简而言之，就是横向的元宇宙产业链与纵向的元宇宙产业链相互交织。

根据中国社会科学院数量经济与技术经济研究所的研究结果，从未来发展态势看，元宇宙至少将影响和带动六大相关产业的发展，包括支撑场景运行的新基建产业、带来应用场景实现的直接技术产业、虚实连接技术产业、不同应用场景下的体验产业、视觉仿真下的创意产业，以及以支付、安全等为代表的平台产业。这六大产业主要分为两类，一类在产业端（供给侧），另一类在消费端（需求侧）[1]。这也正说明产业元宇宙的最高阶段贯穿产业端和消费端，各行业以网络化、节点化的方式存在。

三、元宇宙与六大经济

在元宇宙社会中，可以实现六大经济模式，包括单身经济、适老经济、焦虑经济、忙人经济、潮牌经济及颜值经济。目前，这六大经济与人类的六大痛点有关，元宇宙社会可以充分解决人类的痛点，并将其转化为经济。

1. 单身经济

元宇宙为人类提供了更多样化的交友方式和选择，独身群体或成为重要的消费力量。也就是说，当单身个体进入元宇宙，可以个性化地选择交友群体，这里的交友群体既可以是现实生活中具有数字身份的人，又可以是虚拟人和高仿人机器人。个人在元宇宙中可以个性化设置个体形象、营造人设，进行社交。

2. 适老经济

2021 年全国两会上，"适老化"引发热议，"老年人数字困境

---

[1] 沈开艳. 对"元宇宙"产业未来发展的几点思考[J]. 江南论坛，2022，
（01）：9-13.

问题"被首次写入政府工作报告。元宇宙时代，高仿人机器人、虚拟人在一定程度上将提升老年人的生活品质。一方面，可以解决老年人"数字鸿沟"问题，利用虚拟人或高仿人机器人，可以进行虚拟教学，场景化的操作更容易弥补老年人的数字知识漏洞。另一方面，还可以降低空巢老人的孤独感，不管是高仿人机器人，还是数字机器人，都可以陪伴老年人。将虚拟世界与现实世界融合，只要设置老年人子女的形象，便可以投射现实世界，实现外地子女的异地陪伴。

3. 焦虑经济

元宇宙的个性、智能满足功能或将降低用户焦虑。在元宇宙中，每个个体都可以参与世界编辑和内容生产，进行个性化操作。焦虑经济主要面向个体的情绪，人们在快节奏的现实社会中不能停下步伐，稍有差池便会导致严重的后果，特别是在社会转型期，社会矛盾频发，个体急需情绪宣泄。元宇宙的娱乐功能可以释放个体压力，缓解社会焦虑。此外，元宇宙的个性化功能满足了不同群体的需求，不管是知识焦虑，还是生活压力，都可以得到解决。人类或许将从现实世界中解放出来，真正进入"第二世界"的元宇宙中。

4. 忙人经济

在元宇宙中，虚拟世界与现实世界相互融合，个体足不出户便可以感知世界，为忙人提供职场与生活便利。忙人的痛点在于缺少空闲时间，元宇宙状态下可以解决这一痛点，为忙人制造闲暇的时间和空间。在元宇宙中，个体可以以双重身份存在，一个是现实世界的社会身份，另一个是元宇宙世界的数字身份。双重身份可以释放双重时空，将自己从忙碌的现实社会中解救出来，栖身于想象的元宇宙。此外，元宇宙虚实相融的特性使虚拟世界与现实世界相通，个体在元宇宙中可以了解现实世界的动态。例如，我们可以在元宇宙中密切关注俄乌战事详情及进展。

5. 潮牌经济

潮牌企业加速布局元宇宙，开启虚拟潮牌交易新形态。潮牌经济更多地指向企业，企业在元宇宙中布局自己的产业，创建自己独有的元宇宙 IP，以数字货币作为基点，开启虚拟潮牌交易的新形态。《经济学人》显示，游戏行业在探索玩家如何社交、如何创造和运行基于虚拟物品的虚拟经济方面摸爬滚打了几十年。例如，电子游戏公司 Roblox 让用户可以构建自己的 3D 游戏和体验，并从中获利。《小猪》是一款由用户创造的游戏（灵感源自动画片《小猪佩奇》），在这款游戏中，用户可以饲养、收集和交易各种奇异的虚拟动物，这些虚拟动物的开发者可以从每笔销售额中获得 27%的提成。Roblox 还宣布，将投资 1000 万美元开发教育类游戏，包括模拟国际空间站之旅。再如，洛天依、柳夜熙等虚拟偶像在各个领域的应用，进行品牌代言、直播、线下营销等活动，引领虚拟偶像潮流。

6. 颜值经济

用户可以在元宇宙中定制形象或人设，虚拟人或将实现性别和颜值的平权。一方面，个体可以进行个性化的设置，跳脱现实世界的肉身限制和性格缺陷，成为任何想成为的人，利用"完美"人设进行价值变现。另一方面，还可催生新型职业——虚拟"捏脸"师。不管是韩国公司推出的 App "ZEPETO"，还是网易推出

130

的游戏《逆水寒OL》中的"捏脸"玩法,都证明用户对个性的虚拟化产品有强烈的需求。

四、元宇宙与资源管理

1. 数字资源管理视角下的元宇宙建构

元宇宙同现实社会一样,需要进行管理。元宇宙以算力基础、经济系统、化身系统、社交系统、信息系统等作为知识重组与场景再构,形成面向数字资源管理元宇宙的模式。元宇宙中的资源集中体现为数字资源,数字资源的管理分为5个环节,依次为多元聚类、资源标引、知识重组、发布共享、交互操作,对应的元宇宙建构的五大层次和技术支撑。面向数字资源管理元宇宙应用框架见图3-2。

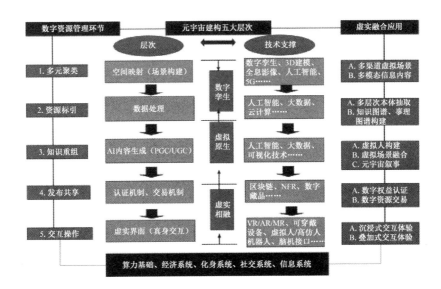

图3-2 面向数字资源管理元宇宙应用框架

在元宇宙中，数字资源的多元聚类依赖于数字孪生、3D 建模、全息影像、人工智能、5G 等技术进行的空间映射（场景构建），从而实现多渠道虚拟场景和多模态信息内容的应用。资源标引则利用人工智能、大数据、云计算等技术进行数据处理，实现多层次本体抽取，以及知识图谱、事理图谱构建。知识重组是借助人工智能、大数据、可视化等技术，进行 AI 内容生成（包括 PGC、UGC 等多条内容路径来源），实现虚拟人构建、虚拟场景融合和元宇宙叙事。发布共享是以区块链、NFR、数字藏品等技术作为基础，设置认证机制和交易机制，实现数字权益认证和数字资源交易，以保证数字资源的安全。交互操作是依托 VR/AR/MR、可穿戴设备、虚拟人/高仿人机器人、脑机接口等技术，完成虚实界面（具身交互），实现个体的沉浸式交互体验和叠加式交互体验。

2. 基于资源整合标引的知识重组

要实现数字资源在元宇宙场景中的"再构"，需要对数字资源进行"解构"。数字资源的重组与再构见图 3-3，首先，需要整合自建资源、外采资源和网络资源，搭建多模态数字资源平台；其次，针对各类资源分别进行元数据及本体层次的标引，并基于语义本体提炼各实体之间的关联；再次，进一步基于实体及其关联图谱搭建孪生化场景、构建各类虚拟元素；最后，利用 AI 内容生成"虚拟人+场景"融合、资源认证与交易的"NFR+数字藏品"，结合元宇宙场景入口实现虚实界面交互。在整个过程中，知识标引的颗粒度和关联的复杂度决定了元宇宙应用场景的多元性和灵活性。一方面，知识标引的颗粒度需要更细，从文件级细化到实体级。另一方面，知识标引的关联网络需要更广，不同语义本体间需要构建复杂关联[1]。

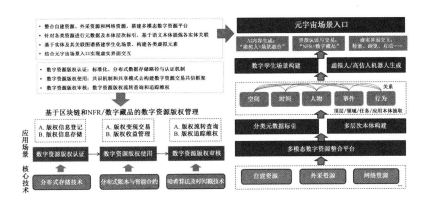

图 3-3　数字资源的重组与再构

3. 基于区块链和 NFR/NFT 的数字资源版权管理

区块链技术源自中本聪于 2017 年提出的比特币系统,本质上是一个开放性、去中心化的数据库,不依赖于任何第三方,通过自身分布式节点进行网络数据的存储、验证、传递和交流,具有公开透明、共同维护、去信任化、安全可靠、不可篡改、可追溯等特性[2]。NFR(非同质化权益)是一种数字资产或具有独特资产所有权的数字代表,以区块链技术为基础,用以记录数字资产的数字所有权,并构成一个独特的真实性证书。NFT(非同质化代币)通常指开发者根据 ERC-721 协议或类似协议所发行的代币,具有可交易、可流通、不可替代、不可分割等特点。NFR 和 NFT 为元宇宙虚拟资产确权、身份绑定、流通和权益分配提供了重要

---

[1] 向安玲,高爽,彭影彤,等. 知识重组与场景再构:面向数字资源管理的元宇宙[J]. 图书情报知识,2022,39(01):30-38.

[2] 谢人强,张文德. 基于区块链的数字资源确权与交易方案研究[J]. 企业经济,2022,41(01):65-73.

的支撑，其核心是以太链公共账本和智能合约所提供的所有权唯一性、不可篡改、可追溯等特征。

基于区块链技术、NFR、NFT 的数字资源管理以分布式存储技术、分布式账本与智能合约、哈希算法与时间戳技术作为核心技术，将其应用于元宇宙资源管理。首先，分布式储存技术可以保证元宇宙数字资源版权确权，如版权信息登记、版权信息存储。其次，分布式账本与智能合约可以确保数字资源版权使用，如版权变现交易、版权收益管理。最后，哈希算法与时间戳技术可以确保数字版权的审核，如版权流转查询、版权追踪维权。在元宇宙中，从版权的认证、确权到流通、交易、使用，区块链技术可全流程介入，对数字资源权益进行智能化管理，也为数字资源的价值多次转化与开发增值提供了技术路径。

4. 缓解地球资源视角下的元宇宙

元宇宙的出现可大大缓解地球资源的压力。随着技术的不断发展，人类的生活水平不断提高，引发了一系列社会问题，如人口爆炸、环境污染、地球承载力衰弱、生物多样性锐减等，地球生态系统无法支撑人类过度的发展需求，资源呈现疲态并日益枯竭，凸显日益紧张的地球资源与日益增长的发展需求之间的矛盾。

在元宇宙中，基于全球元宇宙的基础设施，结合计算机模拟能力、科学认识和数据观察，可以帮助政府制定政策和高效调动社会资源。在此孪生基座中，真实世界的模拟成本大大降低，建成后具有极强的排他性。中国地区地球观测数据集（Seamless Data Cube，SDC）见图 3-4，填补了高空间分辨率和时间频率观测的空白。英伟达超级计算机「E-2」，「Earth-two」第二颗地球（见图 3-5）可以制作超高分辨率气候模型，将大气、水、冰、陆地和人类活动，以及物理、化学和生物学知识进行重组，准确模拟和预测气候变化，从而进行灾害预警和从事经济活动。

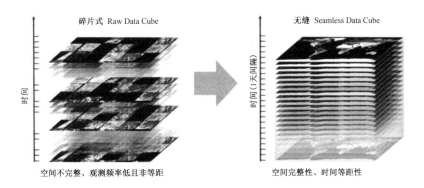

图 3-4 中国地区地球观测数据集（Seamless Data Cube，SDC）

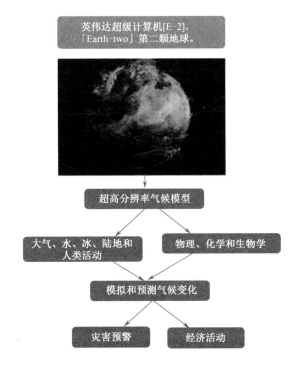

图 3-5 英伟达超级计算机「E-2」，「Earth-two」第二颗地球

第二节　元宇宙与国家

元宇宙社会同真实社会一样，既有个人平台，又有世界平台。当各国日常事务嵌入元宇宙，便有了世界元宇宙。加勒比岛国巴巴多斯外交和外贸部称已签署一项协议，定于 2022 年 1 月在 Decentraland 开放数字大使馆，这一举措使巴巴多斯成为世界上第一个承认"数字主权土地"的国家。巴巴多斯的"元宇宙大使馆"将成为推动与全球政府建立更牢固双边关系活动的中心。新冠肺炎疫情破坏了传统的外交渠道，而此时巴巴多斯将自己重新定位为数字化转型和技术创新的世界中心。元宇宙可以助力各国开展新型外交，也可加速产业转型升级。除了巴巴多斯，中国、美国、韩国等多国都在积极布局元宇宙赛道。未来的世界可以无须现实社交，更多地依靠元宇宙进行政治来往。而各国关于元宇宙建构可包括党建元宇宙、政务元宇宙、历史元宇宙、军事元宇宙、航天元宇宙、文化元宇宙、教育元宇宙、艺术元宇宙。

另外，巴巴多斯在 Decentraland 开放数字大使馆，也存在"数字主权"问题，以及在元宇宙中的国家与现实世界中的国家概念一致性问题。在元宇宙中，如何定义国家界限、如何划分时空区域值得深思，元宇宙中的国家与现实世界中的国家概念是否一致、如何界定也是重要问题（就目前各国元宇宙的发展来看，未来将出现三大元宇宙应用集群：中国元宇宙、美国元宇宙及火星元宇宙）。此外，元宇宙建构也需要符合现实社会的规则与秩序，各国在元宇宙中的相处与交流也要遵循公共与和平的原则，秉持公平与正义，警惕现实世界中的地缘政治霸权延伸至元宇宙空间。

一、党建元宇宙

元宇宙可以助力智慧党建。借助元宇宙的 XR 技术，不仅可以构建全国烈士纪念馆、烈士陵园、革命博物馆、红色景区的元宇宙场景，打造第一视角的代入式体验，从而身临其境地感受红色文化；而且可以让虚拟的红军讲解员讲述党史故事及发展历程，用户可随时随地聆听更生动丰富的故事；还可以通过打造集党史普及、思想塑造、行为管理、作风引导等功能为一体的党建元宇宙平台，筑牢政治忠诚，提高政治判断力、政治领悟力和政治执行力。VR 党建见图 3-6。

图 3-6　VR 党建

在元宇宙中搭建红色场景，增加丰富的内容解说，提供实时的交互体验，不仅有助于促进党建工作模式创新，提升党建工作实效，而且可以使党员学习培训、党群工作服务、党的政策宣传等传统工作更具吸引力。

二、政务元宇宙

政务元宇宙体现在两个方面。一方面，可以跨越线下公共服务障碍。元宇宙中的政务服务将以尖端数字技术为基础，克服线下服务的时空制约和语言障碍等困难，极大地提升公务员的工作效率和沟通效果，降低公民的政务需求成本。另一方面，提升智慧城市服务质量。将元宇宙的关键技术（AI、区块链、物联网等）与"数字城市""智慧城市"等理念结合，对实现住房、环境、交通、税务、健康、文旅等领域的可持续发展，增强市民生活的幸福感和便利感有极大助益。

2021 年，韩国首尔市政府发布了《元宇宙首尔五年计划》，以虚拟新年敲钟仪式（见图 3-7）为起点，未来将在政府的各个业务领域打造元宇宙行政服务生态。到 2023 年，首尔还将创设虚拟服务平台——"元宇宙 120 中心"，市民可足不出户与虚拟公务员进行交流。中国广东省广州市番禺区利用"5G+VR"构建的"政务晓屋"也是政务元宇宙的雏形（见图 3-8）。未来，世界各地的政务都可以在虚拟世界中进行处理，个人和政府可以异地"面对面"在线进行沟通与交流。

图 3-7 虚拟新年敲钟仪式

图 3-8 广东省广州市番禺区利用"5G+VR"构建的"政务晓屋"

三、历史元宇宙

北京师范大学教授喻国明认为,从媒介化社会提出的元宇宙是集成与融合现在及未来全部数字技术于一体的终极数字媒介,将实现现实世界和虚拟世界连接革命,进而成为超越现实世界的、更高维度的新型世界。在这个新型世界中,可以充分挖掘历史。数字光年与知名古建建筑团队合作,一比一大小搭建唐长安城的数字建筑沙盘。"大唐开元 钟楼"3D建筑模型数字藏品见图3-9。

　　早期体验用户可共同参与唐长安城的规划和建设,在虚实互动中感受更加全面和立体的历史风貌。此外,数字化技术让中国传统建筑在数字空间生动再现,联动虚拟世界与现实世界。未来,元宇宙将孕育大量新的消费场景,对线下实体经济具有辐射效应,同时还会有更多文创作品依托数字技术进行传播。推动数字藏品的创新形态与实体经济结合,有利于创新历史文化的传承方式,推动文创以更被年轻群体青睐的形态持续发展。

图3-9　"大唐开元 钟楼"3D建筑模型数字藏品

四、军事元宇宙

　　元宇宙赋能军事领域,可以构建军事元宇宙,主要体现在以下3个方面。一是人机协同作战。例如,人与高仿人机器人合作,可以使作战策略高效化、机器战士规模化、军人安全保障化;人与虚拟人合作，可以使情报系统智慧化、军事演习拟态化、武器迭代加速化。二是采取智慧行动。不仅可以使个体战力增强（视觉增强、听觉增强、肌肉增强、脑神经增强），而且可以使群体效能增强（协同增强、倍增效应、降维打击）。三是开展智能决策。利用人机混合、云脑智能、深度学习等技术进行协同决策，借助云端大脑、数字参谋、虚拟仓储等智能辅助决策技术，优化指挥信息系统，提升战场数据整合效率。

五、航天元宇宙

元宇宙应用于航天领域主要体现在两大维度：对航天环境的模拟和对星辰大海征服感的体验。对航天环境的模拟是通过 VR 技术虚拟逼真的太空世界，帮助航天员多维度感知和熟悉太空环境，提升其作业安全性和准确性。星辰大海征服感的体验经由火星车传回的 VR 数据拟真火星的环境，无须登录星球就能实现异星探索，体验征服星际的快感。"月球一号"VR 体验设备见图 3-10。

在元宇宙中，不仅可以通过数字孪生技术打造虚拟数字航天员（见图 3-11），而且可以帮助航天员进行训练。虽然深邃的宇宙不再是人们想象的空间，但遨游太空也并非寻常的旅行。探索宇宙需要夜以继日的训练和敢于奉献的尝试。在元宇宙中，任何个体都可以进行空间定向训练、多人协同操作训练、装配维修任务训练。此外，元宇宙还可以模拟突发危险，进行突发紧急情况训练，从而预警和规避可能发生的危险，保证在轨医监医保服务，保障宇航员的生命安全。波音借助 VR 技术进行宇航员训练见图 3-12。

图 3-10 "月球一号" VR 体验设备

图 3-11 小诤：新华社数字记者全球首位数字航天员

图 3-12 波音借助 VR 技术进行宇航员训练

六、文化元宇宙

2021 年河南春晚上，一曲《唐宫夜宴》赢得喝彩。创作团队运用"5G+AR"技术，实现了虚拟场景与现实舞台的完美结合，将歌舞表演与博物馆中的文物放在一起，达到了堪称完美的视觉效果。此外，湖南省博物馆也利用 AR、VR、三维影像制作等技术，在网上展厅策划了《闲来弄风雅——宋朝人慢生活镜像》专题，制作了 360°全景线上虚拟展厅，全方位、立体式呈现 80 余件文物，在悠扬的古琴声中再现了宋朝人的"慢生活"。

元宇宙通过技术赋能让文化"活"了起来，通过数字孪生、数字藏品等技术将传统文化立体化展现在世人眼前，如 VR 探墓海昏侯（见图 3-13），向世界展示中国悠远的历史与文明。借助文化元宇宙，积极打造"中国形象"虚拟 IP，促进中华文化对外传播。

图 3-13　VR 探墓海昏侯

此外，还可以打造古巷元宇宙（如数字孪生平遥南大街），线下室外景区全覆盖 VR、AR、MR 交互场景，重塑古代场景，让观众回溯历史；精确建模古建筑，拓展游客社交空间，提升互动性；增设虚拟人 NPC，丰富旅行体验。

七、教育元宇宙

当前，元宇宙已在教育领域有所应用，元宇宙的发展对教育发展起到了巨大的推动作用。例如，美国成立全球第一所虚拟现实高中——美国高中（American High School），加州大学伯克利分校在沙盘游戏《我的世界》重建校园并举办线上毕业典礼，美国莫尔豪斯学院（Morehouse College）建立沉浸式虚拟实验室等。元宇宙的未来发展与在线教育、虚拟校园、科学实验等紧密联系，教育是元宇宙应用的重要领域之一[1]。

教育元宇宙侧重于师生创建数字身份并在虚拟场景中进行应用教学，不仅有虚拟教师进行"实物"展示和实操演示的实景体验（见图 3-14）；而且可以跨越地理限制，共享教育资源，

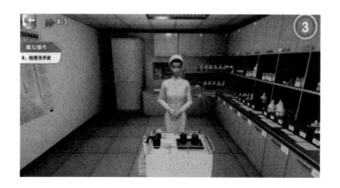

图 3-14　基础护理虚拟仿真系统

---

[1] 刘革平，高楠，胡翰林，等. 教育元宇宙：特征、机理及应用场景[J]. 开放教育研究，2022，28（01）：24-33.

感知并传承前人实践经验，开展跨地区资源共享（见图 3-15）；同时，充分体现人文关怀，帮助并解决残障人士的教育问题，开展云端场景教学（见图 3-16）。

图 3-15　斯坦福 Virtual People 课程

图 3-16　VR 虚拟教育基地

教育元宇宙是对理想化教育的可行性探索，通过人工智能分析个体既有知识树，梳理知识结构缺陷，对个体进行个性化知识引导。同时，提倡开放性思考，重视过程而非填鸭式知识灌输。教育元宇宙可以实现基于知识创新过程的信息提供和展现，个体快速掌握后在虚实世界中进行实践和推广。

利用 VR/AR/MR、数字孪生、5G、人工智能、区块链等新兴信息技术塑造的虚实融合教育环境，是虚拟与现实全面交织、人类与机器全面联结、学校与社会全面互动的智慧教育环境高阶形态[1]，此外，能够脱离教师的职业限制，贯穿其他行业的知识传输（如科普），从而达到共享认知、启迪新慧的目的。《远征深海》纪录片见图 3-17。

图 3-17　《远征深海》纪录片

八、艺术元宇宙

元宇宙在艺术方面的运用主要体现在创作的灵感推升、权益的多维保障、易用性的显著提升 3 个方面。创作的灵感推升方面，AI 技术能实现个性化价值奖赏，从而激发艺术家的创作灵感。同时，虚实流动的艺术特质拓展人类的审美疆域，丰富艺术创作生态。权益的多维保障方面，数字藏品更易确权且收益为累进制，使作者获得更坚实的权益保障与高速的财富积累。易用性的显著提升方面，艺术作品在元宇宙中更易获取和保藏，传统艺术收藏要经历复杂的流通环节，存在较高的流动风险和保养成本，而元

---

[1] 刘革平,高楠,胡翰林,等. 教育元宇宙:特征、机理及应用场景[J]. 开放教育研究，2022, 28（01）：24-33.

宇宙的艺术藏品能即刻交易、永续存在，更有利于艺术藏品的传播和保值。例如，数字艺术家 Beeple 的数字藏品（见图 3-18）*Everydays：The first 5000 Days* 拍卖价为 6900 万美元（约合人民币 46042 万元），数字藏品 *Nyan Cat*（见图 3-19）价值 59 万美元（约合人民币 374 万元）。

图 3-18　Beeple 的数字藏品

图 3-19　数字藏品 *Nyan Cat*

第三节　元宇宙与城市

　　城市元宇宙，顾名思义，就是利用数字孪生等技术，在虚拟空间中打造真实城市的延伸[1]。城市元宇宙并非虚拟的场景，而是现实世界与虚拟世界相结合的产物，城市元宇宙或将替代互联网平台成为全新的公共空间。2011 年 11 月 3 日，韩国首尔表示，将成为第一个加入元宇宙的大都市政府，并根据公众需求和民间技术，开拓"元宇宙首尔"新大陆（见图 3-20）。也就是说，韩国将在元宇宙中开展各项公共服务与文化活动。该项目是首尔改善公民之间流动性方面所做的努力，旨在提高城市的竞争力、行动力和吸引力。

图 3-20　首尔市政厅 2021 年 9 月 15—17 日举行有关公共安全的元宇宙活动

---

[1] 罗茂林. 城市元宇宙会讲出什么故事？ [N]. 上海证券报，2022-01-26 (006) .

提高城市的竞争力具体表现在以下 3 个方面。一是建立首尔金融实验室，目的在于孵化和培育金融科技产业的线上线下集群。二是投资首尔中心，与线下业务相关联。三是利用虚拟替身投资会商、召开虚拟会议、进行实感体验等，为外国资本提供一站式支援服务和优质的营商环境。

通过构建元宇宙来提升市的行动力具体表现为以下 3 个方面。一是搭建"元宇宙 120 中心"，轻松处理首尔目前运营的商业服务和咨询。二是构建"元宇宙市长室"，使政府部门的民意听取渠道多样化，提高官民沟通效率。三是创建"元宇宙智能工作平台"，从而弱化时间和空间对市政工作的限制，利用虚拟职员为市民提供更专业、高效和智能的服务。

首尔政府创建了元宇宙虚拟观光特区，将首尔的各大旅游景点（如光华门广场、德寿宫等）通过数字孪生技术模拟场景，组成"元宇宙观光首尔"，通过首尔博物馆、美术馆等景点的虚拟旅游，不断提升城市的吸引力。

城市元宇宙的机理在于使用数字化技术和实时数据优化城市运营，不管是在元宇宙中打造数字城市，还是让城市四处散布技术的光辉，主要因素在于技术。除了韩国，中国也在积极布局城市元宇宙建设。例如，上海市经信委发布的《上海市电子信息产业发展"十四五"规划》中明确提出，加强元宇宙底层核心技术基础能力的前瞻研发，推进深化感知交互的新型终端研制和系统化的虚拟内容建设，探索行业应用。相信掌握核心技术，遵循元宇宙的发展规律，城市元宇宙将成为智慧城市的最高级形态。

第四节　元宇宙与环保

一、元宇宙与碳排放

根据世界气象组织（WMO）发布的报告，2020 年 CO_2 的全球平均浓度为 $413.2×10^{-6}$mol/L。2021 年 5 月，地球大气层中的 CO_2 浓度达到了 $419×10^{-6}$mol/L，为 400 万年以来的最高水平。按照目前温室气体浓度的增长速度，到 21 世纪末期，温度上升将远超《巴黎协定》规定的"高于工业化前水平 1.5～2.0℃"目标。根据测算，2019 年我国城市建筑领域由于耗能产生的 CO_2 排放约为 16 亿吨，加上年化隐含碳排放（建筑寿命按 30 年计），城市建筑总碳排放为 24 亿吨，约占当年我国总 CO_2 排放量的 1/4[1]。

通过对基础城市的分层拆解，关于城市碳排放的活动分为碳源和碳汇两个层面。碳源包括人类活动，设施设备、各类建筑和路网建设，而碳汇则集中在地块、水体、山体和地图瓦片等领域。以上事物作为碳排放主体的组成成分，通过元宇宙世界的数字孪生、区块链和 VR 等技术，为低碳发展和绿色未来的实践方向提供了崭新的实践模式。城市碳排放全景见图 3-21。

---

[1] 龙惟定，梁浩. 我国城市建筑碳达峰与碳中和路径探讨[J]. 暖通空调，2021，51（4）:1-17.

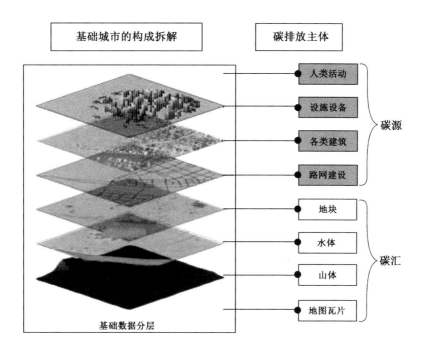

图 3-21 城市碳排全景

通过对城市进行实时碳排碳汇监测、城市碳足迹追踪和城市绿色数字孪生实践,可以实时把控城市绿色健康状态,及时调整碳排放政策和碳排放管控,使城市的健康发展有强大的数据资源可以倚仗。游戏概念也被引入低碳环保发展战略,研发人员设计了多款绿色 XR 游戏,通过在游戏中的沉浸式体验,城市居民可以基于真实位置实现真人低碳出行社交。绿色 NFR 技术可以支持用户生成内容,记录独属的绿色行为艺术,甚至可以有自己的非同质化权益,实现艺术产品的交易和买卖。

二、元宇宙与碳中和

在国家针对碳中和的一系列政策中,特别强调了创新驱动,推进人工智能、智慧能源、智能制造等数字化技术创新应用。例如，2021 年 10 月，国务院印发《2030 年前碳达峰行动方案》；同年 11 月，工业和信息化部发布《"十四五"工业绿色发展规划》。2012 年以来，在数字经济不断推进的大背景下，人工智能发展迅速，爆发式增长的数据为人工智能提供了充分的"养料"，深度学习算法在语音和视觉识别上实现突破，促进了人工智能与多种应用场景的深度融合，如自动驾驶、智能医疗、新零售、智慧教育、智能金融等，人工智能已成为推动经济创新发展的重要技术。

元宇宙在碳中和领域的应用场景包括以下 3 个方面。一是元宇宙中生产的数字产品，不消耗电能以外的能源。二是大幅度缓解全球污染第二大行业（纺织业）碳排放问题，即用虚拟数字服饰替代传统纺织服饰。三是元宇宙提供的沉浸式虚拟场景可以降低线下出行、办公、旅行带来的碳排放。MR 虚拟办公见图 3-22。

图 3-22　MR 虚拟办公

当人类把一些感性的需求和欲望转移到数字世界时，产生的环境代价不会作用于现实世界，这是元宇宙碳中和的核心理念。当元宇宙能将现实世界复刻运转之时，现实世界与元宇宙世界就形成了补充交融、共同发展的可持续格局。元宇宙解决需求端问题，碳中和解决供给端问题，将环境代价压缩到最小的同时，不断提升社会效率。

第五节　元宇宙与办公

想象一下这样的场景：当你早上准备开始工作的时候，坐在家里的电脑前，戴上"元墨镜"，顺手打开了旁边的 3D 立体图像扫描仪，接入公司通道，你的虚拟人图像立刻出现在公司构建的虚拟生态办公空间，旁边你的同事也陆续"浮现"。你看了一眼今天的办公空间，老板把它切换到了海底世界，身边不时有水母、小鱼欢快地游来游去。同事抱怨这些动物太影响工作效率了，老板又把办公空间切换为一个静谧的森林峡谷。吃完午饭，同事邀约一起去马尔代夫海边走走，于是你把 IP 通道切换到了马尔代夫。那里的空间扫描摄像仪实时地把当地的真实场景呈现在你们面前。穿上神经元感应套装后，你还可以真实地感受到海水的温度、海风的吹拂。晚上下班之后，你穿上游戏体验套装，选择了一个秦朝场景的单机游戏，里面的人物都是为你特意匹配的人工智能虚拟人，你开始在里面创建属于自己的"帝国"。你在游戏里玩了 1 年，实际上现实世界才过去 1 小时而已。如果告诉你，以上这些想象是将来元宇宙的一部分场景，你会不会很期待？

受新冠肺炎疫情影响，人们的生产、生活方式发生了巨大变革，办公场所已经从线下转移到线上。一方面，元宇宙中的办公场所更加具有交互性，通过虚拟化身，用户除了能看到扁平的文字和头像，还能观察到彼此的表情、肢体语言和动作。例如，Meta

研发的 Horizon Worlds（见图 3-23），用户戴上头显设备 Oculus Quest 2 后，可以创建属于自己的虚拟化身（avatar），并通过人脸识别和"捏脸"来塑造形象。微软开发的 Mesh for Teams 可以让用户自定义数字替身，并允许企业建立自己的元宇宙办公场所。百度研发的希壤 VR 平台使员工可以在元宇宙中虚拟协作和交流，并举办了国内第一场元宇宙会议。此外，英伟达也推出 Omniverse，为用户提供优质远程协作办公解决方案。相比腾讯会议和钉钉等以文字和图像为主的平台，虚拟化身的元宇宙会议更贴近自然情形下的人类交流。另一方面，元宇宙办公可以节省工作成本，让员工足不出户便可进行办公协作。尽管目前元宇宙在办公领域的应用已经相对成熟，但当下各个企业在进军元宇宙前，仍需考量如何在虚拟办公中保持员工互动，以及如何在虚拟空间进行组织协调、建立员工关系、设定考核机制等问题。同时，在元宇宙中召开商务会议对于宽带和流量的要求较高，因此，维持会议进程的流畅度将会是一大挑战。未来，实现元宇宙办公还需要通信技术提供相应支持[1]。

图 3-23　Horizon Worlds 交流场景

---

[1] 蒋宇楼，朱毅诚. 元宇宙的概念和应用场景：研究和市场[J]. 中国传媒科技，2022（01）：19-23.

第六节　工业元宇宙

一、中国工业元宇宙思想

如果以中国式元宇宙思想构想工业元宇宙，那么，工业元宇宙将包含海量的用户创造内容，5G、6G、物联网提供高速网络，云计算、高显示提供高算力、高展示力，人工智能优化沟通效能，手势、体感、脑波等新交互技术可以更好地表达个人思想，虚拟结合的 XR 技术可以让人更好地认识事物、评价事物、改进事物、创新事物，3D 打印、集成制造、智能制造、云制造等工业基础设施可以促进虚拟产品变成现实……其结果是工业产品必将极大丰富，同时降低成本、提高质量、提升价值[1]。

中国式元宇宙思想也必然改变以往一些传统思维与认知。工业产品的虚拟化可以是渐进的过程，从电子草图、电子图纸、三维模型，到装配模型、分析模型、加工模拟等，最终使虚拟产品达到可生产的水平。我们要正视游戏、娱乐的积极意义，集成看待游戏娱乐与工业系统。三维建模、工业设计中构建事物的色彩、灯光、材质、装饰等在知识和技术层面都是相通的，虚拟工业产

[1] Li S X, Yue H, Yue Y L, et al. Power mechanism and strategy of digital transformation in power grid industry: take State Grid Jibei Electric Power Company Limited as an example[C]. *2020 International Conference on Computer Science and Management Technology (ICCSMT)*. IEEE, 2020: 340-345.

品在游戏与现实中可以双向交互、转换。在 VR/MR/XR 环境中，对游戏、现实的机械电气设备、交通设备等事物的操控技能是可以平行发展的。虚拟化的产品、阶段性的创新也可以在区块链、NFT 技术下转化为交易，从而利用经济赋能促进元宇宙相关产业的蓬勃发展。

想要构建一个面向未来的中国式工业元宇宙，必然对新兴技术、基础设施提出更高的要求。例如，海量数据的存储及其永久性，数据传输的高速、大流量、及时有效、多种方式连接，技术与数据大集成、人与组织的大合作，平台的一直在线、可靠性、安全性、保密性，边缘端的智能交互、真实感体验等。业务发展需要新兴技术，应用新兴技术后又将推动产生新的业务模式，从而形成螺旋式上升。总结起来，一个新理念、新技术、新业态进入试点、提升、普及并形成规范需要一个过程，我们要以包容的态度、扬弃的精神去对待，理性地管理和控制，积极地引导。尽管目前元宇宙还有很多尚未被想明白、弄清楚的地方，我们也可以先做一些已经想明白、弄清楚的事情，但要适度控制应用范围与投资规模。对于那些没想明白、没弄清楚的事情，则尽可能地考虑最大风险，在执行中避免风险、减少风险，把风险控制在可承受的范围内。用一句常用语描述就是："元宇宙未来已来。"我们应该持谨慎、乐观的态度，先上路，携手合作，小步快跑，奔向中国式工业元宇宙。

二、元宇宙与电力系统

元宇宙自诞生以来，就与电力系统领域紧密耦合。现阶段，电力系统正处于转型升级的阶段，电网运行信息、电力企业运营信息都在从实体化向数字化升级，电力系统的物理载体和运营主体都在发生数字化的变革，为融入元宇宙奠定基础。开创电力系统与元宇宙相关新概念、新技术、新应用融合发展，是电力系统转型的重要步骤。

目前，元宇宙中电力系统的发展还面临着两大难题。一是目前的网络支撑技术、双向传输速度均不能满足庞大电力系统数据的实时传输需求。二是智能终端及电力设备结构复杂，相关技术有待提升[1]。在元宇宙时代来临之际，电力系统可提前在虚拟端打下坚实的基础，使电力系统更加安全、稳定地运行，促进元宇宙中电力系统的发展。

1. 元宇宙中电力系统的短期应用

元宇宙电力系统建设目的在于进一步促进电力系统的高效运行，使电力供应更科学、更有效、更稳定，促进电力系统的健康稳定发展，降低电力系统运行及维护成本，为社会各领域的健康发展提供基本保障。在短期内，基于物联网技术，实现海量数据的深度挖掘与同步分析，使数据全面接入，实现跨专业数据互通，打破专业数据壁垒，最终将电力数据在各行各业应用，形成各种行业广泛参与的运营模式[2]。在电力系统规划、电网运行管理、

[1] Liang X, Sun D, Li W. Composition Form and Function Configuration of Intelligent Terminal Based on Edge Computing for Power Internet of Things[J]. *IOP Conference Series: Earth and Environmental Science*, 2021, 621(1): 012058.

[2] 周博文, 奚超, 李广地, 等. 元宇宙在电力系统中的应用[J/OL]. 发电技术, 2022, 43（1）: 9.

智能巡检与故障诊断、电力交易等各业务环节实现一体化发展，并对短期和长期规划进行预测分析，实现虚拟电力系统状态自我感知、电力设备协调运行、客户服务全新体验的全价值链协同模式，保证虚拟电力系统的整体优化配置。

2. 元宇宙中电力系统的中长期应用

在建设元宇宙电力系统的过程中，坚持其共享特性，注重将其与互联网经济连接，有效指导数字化转型，对其进行综合建设，形成更佳的电力发展效果，以促进各行各业经济的协调发展。在中长期，虚拟电力系统指导新型电力系统数字化升级、智能化应用，促进源网互动，构建开放式的电力市场，加快低碳发展，实现"碳达峰""碳中和"目标。按照国家政策，采取合乎市场规律的商业模式，鼓励用户在智能交易平台进行交易互动操作，并提供更优质的服务以拓宽各行业渠道。元宇宙中，电力系统以业务需求为导向进行建模，同时还根据业务流程在电力系统基础上构建其他相关应用，以形成虚拟化的业务链，并从企业运行和管理等多个角度提供指导，最终实现电网全价值链协同。

第七节 农业元宇宙

一、国外智慧农业发展现状

国外农业在 20 世纪 70 年代就具备了较高的机械化水平，美国是全球典型的现代化大农业国家，直接从事农业生产的人数约为 350 万人。这 350 万人不仅养活了 3 亿美国人，而且还使美国成为全球最大的农产品出口国，得益于广泛使用农业机械来提高农业生产率和农产品总产量。借助机械化和数字化来降低农业成本，为智慧农业的发展奠定了坚实的基础。

1. 小麦无人化农场

2017 年 9 月，英国哈普阿丹姆斯大学与 Precision Decision 公司合作的项目 Hands Free Hectare 收割了全球第一批全过程没有人工直接介入的麦子[1]。该项目将拖拉机、探测车、收割机等农用机械在传统基础上进行了改造。其中，探测车除了能够绘制路径、进行 GPS 定位，还能联合其他装置完成许多耕种的工作。该项目证明全程自动化的农业活动是没有技术问题的。

---

[1] Lucinda, Dann. Hands Free Hectrate brings in first robot wheat harrvest[J]. *Farmers Weekly*, 2018, 169(24): 50-53.

2. 农业生产智能管理与数据技术在农业生产管理中的智能分析

Descartes Labs 公司依托于亚马逊 AWS 大数据的存储和谷歌的云计算，通过对包含可见光和红外光谱的卫星图像进行校准和分析，为农作物提供智能监测解决方案。打造了一个搭载人工智能的超级云计算平台，每天可以读取和处理近 5TB 的新数据，通过分析千万亿像素的巨大图片，并将其与过去的数据进行对比，再利用研发的全自动算法，可以确定一片土地是否适合种植玉米、大豆或其他农作物，并估算发芽率。智慧农业技术公司 Resson 开发了一种图像识别算法，能够更准确地检测和分类植物害虫与疾病。农业 AI 公司 AgVoice 也为农作物观察专家和农学家开发了一套自然语言处理工具包，该工具包可以对导致大豆突然死亡的真菌疾病进行分析。

二、国内智慧农业发展现状

我国智慧农业在部分特定领域已实现浅层应用[1]。在种植前，可以实现运用 GIS（地理信息系统）、遥感测控、无人机等技术和设备对基本农田情况进行监测，并提供种植指导。在种植管理环节，借助农业传感器、物联网等技术，实现对农作物生长的关键指标进行监管和自动调节。在大数据应用上，基本已形成覆盖主要农作物的大数据平台，可结合相关分析技术，对主要农产品提

---

[1] 郑磊. 美日智慧农业发展对我国的启示[J]. 农业与技术, 2021, 41（03）: 174-176.

供监测预警和价格指导。但总体布局上，我国智慧农业整体处于"单点应用"阶段。

1. 华为农业沃土云平台

为解决全球饥荒问题，华为以袁隆平的"海水稻"（耐盐碱地水稻）为突破口，布局智慧农业。双方团队将共同研发并向客户提供农业物联网系统解决方案，地点位于青岛城阳的华为农业沃土云平台（农业私有云）。在"海水稻"的培育过程中，能让盐碱地上长出水稻，除了需要培育新的水稻品种，还需要对植物和土壤进行调节，而这一套系统的基础就是华为参与的"要素物联网系统"（土壤数字化）。该系统地上部分配有小型气象站、通信模块、高清摄像头，地下、地表则通过各种传感器（射频技术）收集光照、温度、盐碱度等信息，然后传送到华为云端大数据中心，通过 AI 人工智能系统和专家诊断，提供靶向药品、定向施肥，减少用水量和施肥量。

一方面，华为农业沃土云平台提供先进的智慧农业技术系统和应用；另一方面，与其他农业大数据公司开展合作，形成一个具体的解决方案。依托华为大数据技术打造的华为农业沃土云平台，是一套集成了传感器、物联网、云计算、大数据的智能化农业综合服务平台，整合了上游传感器供应链、下游农业管理应用商等资源，可为盐碱地稻作改良和智慧农业发展提供平台化、标准化和共享化服务。该平台主要包括大数据 AI 分析决策支持系统、土壤改良大数据管理系统、精准种植管理系统、精准作业管理系统、病虫害预警诊断管理系统、智慧农业视频云管理平台、农业云计算中心、指挥调度服务中心等，能够实现农业生产环境的智能感知、智能预警、智能分析、智能决策和专家在线指导。

2. 智能农机自动导航技术

2019 年 5 月，在第三届世界智能大会智能农业分论坛 MAP 农场，丰疆智能高速插秧机可无人驾驶行进、插秧，快到田埂时还会自动转弯和掉头，秧苗间距整齐，插入深度均匀。该插秧机可通过天线接收北斗卫星信号，并根据卫星图和预先设定的参数完成自动转向等行为，精确度达到厘米级，但需要人工补充秧苗。2019 年 12 月，在雷沃智慧示范农场，工作人员现场演示了"无人农机"种地的场景。从土地耕整到粮食播种，再到植保、粮食收割，整个过程完全实现无人化、自动化，装备作业全程还可以通过全国农机大数据中心的显示屏实时观看。基于北斗卫星定位系统，通过无线自组网络连接无人驾驶收割机与无人驾驶卸粮车。2020 年 10 月，在北大荒与碧桂园农业共同举办的农机无人驾驶作业现场演示会上，来自国内外 17 家企业的 44 台（件）农机具参加了无人化农场项目试验示范演示，分别完成了水稻、玉米、大豆三大农作物从耕、种（插）、管、收、运农业生产全过程的 20 项作业内容。此次活动集中体现水稻、玉米、大豆三大作物农业生产田间各个环节农机无人驾驶作业的功能。后续，北大荒与碧桂园将共同推动智慧农业技术研发平台建设，促进农业先进技术的推广。

三、农业元宇宙设想

进料饲喂是畜牧养殖的重要环节，在相当长的历史时期，对人工要求多。在现代养殖场建设中，进料饲喂系统由饲料的存放、饲料的传输、饲料的投放组成。饲料进场有专门的养殖场专用车以散装饲料形式运输，养殖场有临时的贮料筒仓。贮料筒仓是现代养殖场的标配，饲料在罐体内密封输送，能减少损失，保证质量，避免污染。全自动上料/卸料装置可连续作业，大大提高生产效率。而在元宇宙中，农场现实世界与农场虚拟世界深度联动，人机交互共同完成农场的管理。农场设有虚拟管家，能够结合 AI 对农业活动进行全数据的准确分析并预警汇报。高仿人机器人能够协助虚拟管家，正确接收指令、分析指令并进行实景操作。终端配置的技术支持能够实现全场景操控、远程指令全局及细节监工等完整工作流程。

在元宇宙概念的助推下，农产品也完成了进阶升级。元宇宙中的农产品都有唯一标识，能够实现农产品全流程的品控溯源，"一物一标识"成为生产标准，从农物种植、药残抽检、专业生产、冷链物流、市场销售的各个环节，都能实现信息追溯。元宇宙实现了实践拓展功能，通过缩短农业创新的周期和成本，实现农业的高质量升级目标。通过构建虚拟孪生植物，收集同步植物生长数据，最终实现更高标准的量化生产。通过构建虚拟孪生动物，根据虚拟孪生动物的反应，优化品种选育，改造生存环境，满足现实动物的营养需求；同时，可以模拟病虫灾害，利用大数据监控实体动物全生命周期，用 AI 智能技术学习推理决策过程，从而更好地提高实体动物的抗病虫身体素质。虚拟农场见图 3-24。

在元宇宙中，农业不仅包括农户个人的农业生产，消费者也可以参与生产的全过程。这意味着农业生产实现了对空间的扩展，常规的农业种植和培育活动辐射了非农户的日常生活。消费者可以实现对农业生产全流程的可视化愿景，既可以观看产品的产地实况及农场业态展现，又可以在购买后进行"一站式"追踪，查询从产品采摘到物流送货的全过程。

图 3-24　虚拟农场

　　不仅如此，农业体验项目也突破了现实世界的束缚。现实世界的农业体验项目由于种植需求、技术保护等原因，对农业体验园地的开放只是在可准许状态下的开放和有条件的开放。但在元宇宙中，打造的农场休闲项目能够让消费者深度体验从开垦到收获的乐趣。你可以想象在一个田园农庄里开着收割机，为 1000 只羊收割紫花苜蓿草的场景。这个在现实世界中需要强大物力、财力支撑的行为，在元宇宙中只需一键启动，便可体验。虚拟稻田交互体验见图 3-25。

图 3-25　虚拟稻田交互体验

第八节　医疗元宇宙

一、元宇宙技术支持系统

元宇宙在医疗领域的应用主要借助了 XR 技术，利用虚实的相互作用，完成对实际医疗过程的管控、有关医学人员的培训，以及相关医学决策和行为的实验与评估，为医疗系统进一步数字化、平行化和智慧化提供了可能。众所周知，手术作为医疗的重要环节，医生需要经过反复的临床训练才能掌握。同时，在现实世界中，如何尽可能规避手术带来的风险一直是困扰医学界的问题。而元宇宙相关技术的应用，大大降低了手术的风险，允许医生在虚拟环境中反复模拟。同时，还可以对进行中的手术开展有针对性的引导[1]。

目前，在"元宇宙+医疗"行业，Surgical Theater 运用 XR 技术为医生和患者提供沉浸式、不同视角的患者解剖结构图，一次性解决现实手术中医生的视觉盲区。同时，微软也将虚拟现实技术应用于健康医疗领域。Holo Lens 2 是微软研发的头戴式硬件设备，医生可以在手术前、手术中和手术后使用。该设备可以在手术时将某一器官的全息投影呈现医生面前，并能实时检测和分析

---

[1] 王运武，王永忠，王藤藤，等. 元宇宙的起源、发展及教育意蕴[J]. 中国医学教育艺术. 2022，36（02）：121-129+133.

患者身体的各项指标和数据，有效减少了手术所需的时间成本，也在一定程度上避免了手术带来的并发症。综上所述，"元宇宙+医疗"模式可以提高医生治疗时的效率和精度，尽可能地降低手术时因医生操作失误而导致的风险，对医疗行业产生变革性的影响。目前，元宇宙因成本和技术层面尚未突破，在医疗领域还未大规模投入使用，但是其潜在效益是可观的。

"元宇宙+医疗"与医学教育元宇宙在医疗、医学教育中的潜能蓄势待发，新兴技术正在潜入医疗预防、诊断、治疗和医学教育。当前，医疗领域正在积极引入 5G、VR/AR/MR、AI、区块链、大数据、触觉互联网等技术，这些技术在患者诊疗、诊断和医师培训等方面能发挥巨大的潜能，越来越多的医疗机构开始采用虚拟现实技术进行在线培训和辅助治疗。例如，2021 年，PrecisionOS 公司发布了全球首个 VR 全互动机器人平台，外科医生可以借助具有触觉反馈功能的交互式机器人训练环境，在逼真的数字手术室中模拟手术过程，提升外科医生的诊疗技术。3D 器官 VR 解剖（3D Organon VR）可以代替传统解剖，解决大体老师数量有限、医学生实习机会少的困境，还可以更好地普及人体结构，让人们以全新的方式全方位观察人体。维萨里 3D 解剖、医维度 3D 人体解剖、解剖大师（Master of Anatomy）、影像解剖图谱、3D 人体解剖图谱、数字人体、口袋人体解剖、人体解剖 3D 模型等 App 已经成为人类学习解剖知识的重要资源。并且，VR 在改善视力、焦虑症治疗、抑郁症治疗、物理治疗、心理治疗等方面也具有广泛的应用前景。AR 可以帮助外科医师进行精准操作，以提高手术效率。例如，利用 AR 手术导航技术，可以让医师事先了解患者身体结构，更加精准地开展脊柱、心外、开颅、器官移植等复杂手术。AR 技术赋能可以清晰地展示患者体内静脉的位置，让护士更容易进行静脉注射。人工智能在医疗影像诊断领域具有极大的潜能和广阔的应用前景。传统的医学影像诊断需要依靠人工识别，而人工智能辅助诊断可以显著提高诊断的精准率，降低影像医师的工作量，由此改变外科医师的学习方式，突破用塑料模型或大体老师进行教学的方式，而且可以重复开展多种外科手术技能训练，加快培养专家型医师。基于 5G、VR、触觉互联网等技术的远程问诊和远程手术，开启了人类智慧医疗新时代。

医疗研究机构和企业已经开始超前部署元宇宙，探索运用元宇宙变革医疗和医学教育。例如，2021 年 11 月 4 日，Treatment 公司宣布建设全球"医疗元宇宙"（Medical Metaverse），将重新定义全球远程医疗和医疗保健，Veyond Metaverse 公司为医学教育、手术计划和培训、辅助外科手术、肿瘤治疗和诊断等提供全新的、颠覆性的 XR 技术。2021 年 12 月，韩国成立了元宇宙医生联盟（Metaverse Doctors Alliance，MDA），这是一项在全球范围内提供虚拟医疗服务的新举措。元宇宙将给人们带来更大的医疗机会，让人们获得全球范围内可访问的公平的医疗保健服务。区块链能够解决身份认证、数据安全、医疗记录等个人隐私泄漏和数据安全隐患，可以让医疗服务、诊疗过程和支付流程等业务更加透明。Medicalholodeck 被称为用于 3D 手术计划和医学教育的元宇宙，包含医学影像 XR（Medical Imaging XR）、解剖大师 XR（Dissection Master XR）和解剖学大师 XR（Anatomy Master XR）3 个 App 应用程序。其中，医学影像 XR 支持在虚拟现实中处理 3D 医学图像数据；解剖大师 XR 可在虚拟现实中进行解剖教学；解剖学大师 XR 内有完整的人体解剖结构，可用于查看人体模型，学习骨骼、肌肉、动静脉、神经等人体各大系统。在元宇宙中，可以通过虚拟方式直观查看患者 DICOM（医学数字成像和通信）

数据、做好 3D 手术准备、模拟手术计划等，以提高手术的精准性。新冠肺炎疫情加速了新兴技术在医疗领域中的应用，也凸显了全球人口健康管理的脆弱性。健康元宇宙（Health Metaverse）是解决全球医疗挑战的创新解决方案之一，全球医疗系统正迎来一场深刻的数字变革。元宇宙在医疗领域具有极大的潜能，将会在医疗教育改革中发挥重要作用。

二、元宇宙与残障人士：破困赋能 善莫大焉

元宇宙可以大幅提升残障人士感知、改造和参与世界的能力，也将大幅度提升社会对残障人士的协助能力。元宇宙对残障人士的改善体现在我们常规的五感方面。例如，通过将人的神经系统上接入电极、磁脉冲、超声波等用于传输信息的虚拟现实设备，可以将信号导入视觉皮层，让盲人"看"到图像；如果将高精度的声音输入设备植入听觉神经系统，可以帮助人们更好地感受周围世界的细微变化；脑机接口设备可以使有感觉功能障碍的人"闻"到气味、"尝"到滋味。这些局限于某一知觉的改进实现了对身体某处缺陷的弥补，但是元宇宙中更高精度的体感互动操控设备，让虚拟分身和机械假身代替自然真身涉身险境、探索大千世界。高精度的语音识别设备可以执行语音功能正常但行动或视觉不便的人的语音指令，脑机接口设备可以执行语言障碍者的心理指令，使残障人士的生活更加方便。

第九节　体育元宇宙

当前，我国体育人口数量占比与美国等发达国家的平均水平相比，仍然存在较大的差距。面对日益高涨的全民健身需求，推动体育产业高质量发展成为促进全民健身事业发展、满足广大人民群众体育需求的重要手段。2019 年 9 月，国务院办公厅印发的《关于促进全民健身和体育消费推动体育产业高质量发展的意见》提出，要推动我国体育产业成为国民经济支柱性产业。但整体而言，当前我国体育产业存在产业规模不大、产业要素缺乏、产业体系不完善等影响高质量发展的一系列问题。人工智能技术为解决体育产业高质量发展问题提供了新契机，人工智能在体育产业中的实践应用，有利于推动我国体育产业高质量发展。2019 年 9 月，国务院办公厅印发的《体育强国建设纲要》明确提出，要通过人工智能加快推动我国体育产业的生产方式、服务方式及商业模式等方面的创新发展，促进体育制造业转型升级、体育服务业提质增效。未来，人工智能在推动我国体育产业高质量发展、满足消费升级需求，以及促进体育产业发展成为国民经济支柱性产业等方面具有重要意义。伴随着人工智能技术的迭代与推进，元宇宙概念风起云涌，为全民健身和全民体育事业的发展带来了新的机遇和挑战。

一、拓展用户体验边界

随着互联网技术的高速发展及 5G 时代的到来，信息技术逐渐渗入各行各业，成为行业快速发展的"引擎"，体育行业也在信息技术的影响下形成了"互联网+体育"的新格局。"十三五"规划期间，互联网与体育的融合为我国体育产业开辟了新方向，产生了"互联网+体育竞赛""互联网+体育旅游""互联网+健康养老"等新兴产业。在新冠肺炎疫情的影响下，"互联网+全民健身"等线上"云赛事"的发展方兴未艾，新冠肺炎疫情的持续与蔓延推进了互联网与全民健身赛事、活动、培训等健身服务产业的渗透融合速度。居家抗"疫"期间，许多健身服务业开始多元化经营，与互联网、云计算、大数据等高科技信息技术相结合，以大众日益增长的健身需求为立足点，打造健身服务业的新场景、新内容、新模式，进一步满足了广大群众多样化、多形式的体育健身需求。这种创新性的健身服务形式充分调动了新冠肺炎疫情期间社会参与的积极性，满足了大众的居家社交需求，营造了浓厚的居家健身氛围，取得了明显的居家抗"疫"效果。高新信息技术的渗入及新冠肺炎疫情的暴发与蔓延为健身服务业线上线下融合发展提供了条件，同时也打造了体育消费的智能化和高端化，推动了体育产业的转型与升级，形成了新的商业模式与业态。

伴随着元宇宙概念的兴起，互联网产业和服务业产业结构也进行了融合发展。智能时代的用户体验迎来了智能时代到来后的再一次转型升级。以智能化的体育健身器材为例，传统健身器材主要以哑铃、杠铃、瑜伽垫、跑步机等为主，而在信息技术渗入后，出现了运动智能手环、智能跑步机、VR 眼镜等一系列智能健身设备。这些设备可以让健身爱好者了解运动的频率、强度及时间，甚至还可以通过 VR 选择不同的锻炼场景。随着虚拟世界与现实世界更深度的连接，AR 健身教练（见图 3-26）这一崭新的模式开始出现。如果说过往的智能体育还是物品升级，那么，元宇宙时代的智能体育则是将服务升级贯彻到底，为拓展用户体验而不断努力。例如，元宇宙的 AR 教练服能够实现将健身教练"带回家"，全方位指导健身新手，360°展示动作细节，带做有氧操、瑜伽，还原真实陪练场景。又如，为了更好地提高使用体验，元宇宙可以模拟真实体验场景，帆船健身爱好者可以自主选择水上场景，动感单车爱好者可以选择自己喜欢的骑行场景。不仅如此，健身爱好者还可以选择竞技游戏等项目，充分体验健身的乐趣。随着新兴技术的不断渗透，智能化的体育产品与应用服务将会更加广泛。

图 3-26　AR 健身教练

二、扩大体育产业规模

全民健身的热情高涨及体育事业的快速发展带来了体育运动群体规模的迅速增长，为有效应对体育健身消费需求的日益提升，应发挥科技创新的优势，通过创新驱动与人工智能的进一步发展扩大体育产业规模。

努力推动体育产业的大数据建设，为优化体育服务供给提供数据支撑。人工智能与体育产业的深度融合发展离不开大量体育消费场景数据的支撑，通过人工智能技术对相关数据进行收集整理、感知分析及深度学习，引导体育产业相关企业及时调整和改进自身行为，顺应体育消费需求的变化趋势。因此，应大力推动人工智能设备在全民健身领域的推广、普及和应用，以广泛收集体育健身消费的关联数据，建立体育消费数据库。同时，通过大数据信息平台对体育产业的海量数据进行科学研判，精准识别消费者个性化、多样化的体育消费需求，从而提供相应的人工智能体育服务产品。

加强人工智能超算平台的落地应用，以契合体育产业发展的现实需要。在全民健身、健康中国与体育强国等国家重大战略背景下，与体育产业相关的数据类型与总量激增，对人工智能超算平台的需求也大幅增加，而基于多层次人工神经网络的深度学习技术本质上也需要海量数据作为处理基础。因此，应加大对关键核心技术攻关的支持力度，加强对高效运行智控软件的编制应用，推动人工智能超算平台的落地应用，满足人工智能推动体育产业高质量发展的迫切需要。

创新体育概念，拓展体育边界。拓展体育产业规模是当前体育产业进行数字化升级、开拓崭新的体育领地的需要。在新运动业态下催生新的运动项目，颠覆传统的体育概念，提升体育产业的多样性和丰富性将成为体育元宇宙的发展方向。新的体育概念超脱了常规的锻炼和训练范畴，带有娱乐和"黑科技"的元素。在体育元宇宙中，甚至可以生发出神奇的另一个自我，可以跳脱

身体的局限，对各项运动进行改造，对各项运动场景进行自制，
创建独属于自己的体育空间。健身"魔镜"见图 3-27。

图 3-27　健身"魔镜"

三、改变体育消费市场

2019 年，我国人均 GDP 首次突破 1 万美元（约合人民币 6.5
万元）大关，庞大的中等收入群体产生的巨大市场需求推动消费
成为拉动中国经济增长的第一动力。按照目前的增长态势和经济
运行规律，未来一段时期，我国将可能跨越"中等收入陷阱"，迈
入高收入国家的行列，这为具有高收入弹性的体育消费创造了良

好的收入预期[1]。在此基础上，我国体育消费在意识、内容和人群等层面均存在增长爆发点。在消费意识层面，新冠肺炎疫情将唤醒人民群众"健康第一"的思想认识。

摩根士丹利（Morgan Stanley）一项最新调查结果显示，有35%的居民选择在闲暇时间参与体育锻炼，在各项休闲活动中位列首位[2]，体现出在新冠肺炎疫情期间人们对于参与体育运动、关注自身健康的强烈诉求。体育消费将逐渐成为人民群众美好生活需要的"刚需"，体育需求向体育消费需求转化的有效性不断增强[3]。在消费内容层面，当前我国体育消费已呈现体育健身、现场观赛等服务型消费提质扩容，运动鞋服、体育装备等实物型消费提档升级，体育旅游、体育信息等新兴消费快速发展的良好态势和格局。但受到体育服务和产品的供给侧制约，我国体育服务型消费占比和规模与发达国家相比依然存在明显差距。

未来，随着竞赛表演、场馆服务、体育传媒、户外运动、智能体育等产业不断成熟，"云"竞赛、在线健身、智慧体育旅游、在线体育培训等新业态、新产品不断涌现，"供给创造需求"的萨伊定律将在体育消费领域产生重要影响。在消费人群层面，一方面，作为体育消费主体的中青年群体，"80后""90后""00后"

---

[1] 黄海燕，朱启莹. 中国体育消费发展：现状特征与未来展望[J]. 体育科学，2019，39（10）：11-20.

[2] Morgan Stanley. China consumer consumption 2030: at your service[R]. *US: Morgan Stanley*, 2021: 53.

[3] 黎涌明，韩甲，刘阳，等. 2021年中国健身趋势——针对国内健身从业人员的网络问卷调查[J]. 体育科研，2021，42（03）：1-9+18.

展现去中心化、去奢侈化、去从众化等鲜明特征[1]，这一批新生代进行体育消费的意愿更强，通过参与体育新兴项目展现自我意识的诉求更加强烈。另一方面，女性和儿童/青少年群体成为体育消费的新增量。2019年，上海市体育消费调查数据显示，18～59岁上海女性居民人均体育消费达到4025元，超出同年龄段男性居民人均体育消费657元，在运动鞋服、健身卡及聘请健身私教、体育培训、体育休闲旅游等方面均明显高于男性，体现出"她经济"背景下女性体育消费爆发式增长的潜力。此外，随着体教融合的逐步深化、"双减"政策的逐步落实，青少年和家长利用闲暇时间参与体育锻炼的积极性将大幅提高，体育培训业将迎来黄金上升期。

---

[1] 徐开娟，曾鑫峰，黄海燕. 青少年体育消费特征及影响因素的实证分析——基于上海市青少年体育消费的调查研究[J]. 体育学研究，2019, 2 (04)：37-43.

第十节 汽车元宇宙

一、当前汽车元宇宙发展概况

汽车元宇宙致力于进一步推进全息智控和优享出行这两个目标。目前，数字孪生技术已被各大汽车主机厂及零配件厂商广泛应用于研发、设计等环节。而在"工业元宇宙"概念下，汽车产业链上下游厂商还可以将数字孪生技术及 VR/AR 技术结合起来，运用于产品生产。

以汽车主机厂商为例，主机厂商可以通过数字孪生技术将物理工厂中的设备 1∶1 孪生复制，并通过全息影像的形式进行投放，同时打通虚拟与现实设备之间的真实数据流通，做到物理工厂与虚拟工厂的虚实共生。在此基础上，主机厂商可以使用物理世界中的真实数据在全息影像打造的虚拟世界中完成包括研发、设计、冲压、焊接、涂装、总装、全车检验、试车等环节在内的汽车生产全流程仿真测试，并将各环节产生的问题在虚拟车间中不断打磨，直至通过全流程仿真测试。通过全流程仿真测试后的数据将作为最终投产的真实参数，直接应用在物理设备中进行生产，从而以"虚实共生+全息制造"的方式为主机厂商降本增效。此外，"智能经济体系"作为"工业元宇宙"概念的第三阶段，也将以区块链体系作为底层基础，建立主机厂商与产业上下游渠道，以及供应商、金融行业、消费者之间的虚拟合约关系，降低各领域主体之间的信任壁垒，打造更加高效的产业链自主运转模式。

二、元宇宙趋势下的汽车行业发展

目前，以智己汽车（见图3-28）为首的行业主体，已经开始在虚拟资产确权方面有所布局。智己汽车App "IM 智己" 提出的"用户数据权益计划"（"原石谷"）是用户数据的价值确权体系和未来形态的社区秩序的初始展现。

图 3-28 智己汽车

智己汽车同时也是首家将区块链技术引入车后市场的企业，通过数据权益的方式回馈用户数据的贡献，达到用户数据价值有效确权的目的。通过"原石"这一虚拟代币（NFT）的形式，在"原石谷"中衡量创始价值的增长权益。车主可以在授权使用"车辆与驾驶行为数据"的基础上，通过"养成式开采"（"社区"式任务+车主"盲盒"）或"里程式开采"两种方式积攒"原石"。当积攒数量达到一定额度时，车主可以使用"原石"兑换车辆硬件或软件的功能升级。例如，驾驶 5000km 所获得"原石"可兑换智驾系统或 3 年后升级电池等）。此外，智己汽车正在打造名为"Crypto Horizon"的元宇宙空间，致力于向车主提供基于 VR/AR 技术的场景化体验。届时，车主也可在该场景中拥有与现实世界数字孪生的虚拟车辆。基于汽车元素的沉浸式体验场景为智己打造一个以车主社区为基础的社交网络，并在此基础上以"原石"作为虚拟代币，描绘"元宇宙经济体"的雏形，这或将成为汽车行业迈向元宇宙的第一步。

事实上，除了社交与代币经济，汽车行业还有很多领域可以向元宇宙概念发展。例如，在汽车主机厂商售后服务领域，运用 VR/AR 等技术为无法到场的车主提供虚拟远程支持，提升事故分析的效率。又如，通过 VR/AR 及虚拟场景开发，打造沉浸式虚拟现实门店，并通过 AI 及真人数字投影等技术，向消费者提供仿真到店咨询、试驾或内饰改装等体验服务。这不仅可以减少物理世界中店铺租金与运营成本，而且可以免除消费者为到店而产生的通勤时间，从而进一步提升交易效率。

目前，元宇宙概念尚处于"哺乳期"，仍需要大量的算力、确权、VR/AR 等技术的优化革新。对于汽车行业来说，各种跨互联网领域的专业技术壁垒虽然会减缓其融入元宇宙概念的速度，但随着越来越多的新兴企业通过跨界融合的形式进入汽车行业，汽车产品将逐渐成为全新一代的交互终端，并在智能化发展的基础上不断推陈出新。融合了元宇宙概念与汽车特性的新型商业模式，无论是在工业生产方面的提质增效，还是对全新商业模式的启发，都在证明元宇宙概念对于汽车行业的未来发展具备较高的参考价值。

第十一节　旅游元宇宙

一、旅游元宇宙的重要中介——机器人

随着人工智能应用技术的不断发展,智能化服务已经成为旅游行业的重要趋势[1]。无人酒店、无人餐厅、智慧导游机器人逐渐出现在大众旅游的服务情境中。在已投入市场应用的服务机器人中,拟人化是绝大多数机器人共有的重要特征。无论是从事机场旅客服务的机器人"小智",还是投身海底捞餐饮行业的机器人"花生",在这些机器人身上都可以找到与人类特征相类似的元素,如类人的五官、肢体、名字、声音、语言等。与呆板冰冷的自助服务机器相比,能干、可爱的服务机器人可以获得顾客更多的青睐。在服务的过程中,顾客也更愿意与这一类服务机器人沟通、互动。服务机器人的出现预示着服务生态系统中共同创造价值方式的改变,顾客和企业的价值主张能通过人机协作的方式得以实现。

目前,越来越多的旅游服务场景(如酒店、机场、餐厅、景区)开始使用服务机器人技术。在旅游服务交互场景中,可以适

---

[1] Tung V, Law R, Okumus F, et al. The potential for tourism and hospitality experience research in human-robot interactions[J]. *International Journal of Contemporary Hospitality Management*, 2017, 29(10): 2498-2513.

当选取拟人化的服务机器人与顾客完成互动。特别是在一些关键性的服务接触点上，旅游企业要注重通过拟人化的设计来提升顾客对服务主体的感知。例如，在酒店的入住登记、机场问询、餐厅点餐等服务环节，尽量安排拟人化程度较高的服务机器人为客户服务。智能化旅游服务在一定程度上挑战了传统旅游服务的人文情怀，因此，建议旅游企业在使用服务机器人时，可以尝试通过拟人化的服务机器人来保留旅游服务的"人情味"特性[1]。

具体而言，企业可以在机器人的外观上添加拟人化元素，如眼睛、嘴巴、笑脸、领带、帽子等。在机器人的语言表述方面，将真实服务人员的专业用语，通过交互语言的设计导入机器人系统，让顾客感受到与现实服务人员相似的亲切和热情，进而提高顾客与服务机器人的共创意愿。旅游企业应优先选择"内外兼顾"的拟人化服务机器人，在服务接触过程中，注重突出服务机器人的内在功能和外在感观两大维度。在决定选择引入机器人进行智能服务之前，旅游企业应该采取类似员工招聘的方式，如设立一定的考察标准和上岗门槛，选择既有专业的服务能力，又有可爱颜值的服务机器人，从而提高顾客对机器人功能认可和感观体验。

二、旅游元宇宙的构建脉络

旅游元宇宙的体验宗旨是如临其境，实现真正的感官升维。通过完成文旅资源数字化、虚拟人服务化、文化场景虚实交互这3 个从资源到服务者再到连接技术的升级，逐渐勾勒出关于旅游

---

[1] 舒伯阳，邱海莲，李明龙. 社会化视角下接待业服务机器人对顾客体验的影响研究[J]. 旅游导刊，2020，4（02）：9-25.

元宇宙的雏形。从外层建设来看，旅游元宇宙包含对物（场景）的建设和人的建设，从而实现人和场景的互动、虚拟人和虚拟人的同游、虚拟人和虚拟场景的互动。从中层准备来看，各个旅游公司和旅游事业的参与者仍须坚持"内容为王"，以虚拟场景为依托，不断外拓 IP 边界，明确景区发展理念，制定创新旅游规划，促进可持续发展。最核心的建设是稳固旅游元宇宙的上层建筑，包括持续促进元宇宙旅游新业态的规范化、产业化、商业化，不断完善相关政策、法规及监管措施，以此来保证旅游宇宙生态的持续、健康发展。目前，无论是 ZEPETO 上韩国古代村庄虚拟观光活动，还是迪士尼的"愿望号"邮轮（见图 3-29），都希望通过自己精心准备的音视频配备和灯光特效，真正实现旅游在地化。这些积极的尝试也将成为旅游元宇宙建设更进一步的指导意见，助推旅游元宇宙更好地发展。

图 3-29　迪士尼"愿望号"游轮

第十二节　社交元宇宙

一、虚拟交往 VS 现实交往

曾经的"在场",如果说"在"的主语代表交往的主体,那么"场"指的就是人际交往的时间与空间,这种时空都是当下的。元宇宙改变了"场",无论是时间还是空间,都在虚拟交往中发生了巨大的改变。元宇宙用技术打造的"真实"消弥了现实交往空间与虚拟交往空间之间的边界,模糊了交往主体间的界限,也重构了主体的交往时间与空间。《经济学人》杂志刊发的文章称"通过使用虚拟现实、增强现实、虚拟角色和计算机生成的栩栩如生的影像,元宇宙会进一步消除人类线上和线下生活的边界。"随着虚拟世界与现实世界边界的消融,人们将承受这种看似没有极限的消弥带来的交往压力。种种边界消弥的现象正是人际交往无法面对面在场及自我与他人日渐疏离的原因。

1. 虚拟交往对现实交往时间的争夺

Meta 官方发布会展示了人们在元宇宙中进行交往的短片,从中我们能看到,虚拟交往充满着热情与互动,但这种看似亲密的交往占据了人们大部分的社交时间,让人们原本"面对面"的现实交往变得困难,导致自我与他人日渐疏离。当前,互联网已经极大地占据了人们的日常时间,大多数的人际交往转移到线上,手机取代了面对面的在场交流，网课等方式甚至将学校的教育场景也放置网上。未来，人们不断将现实时间挪至元宇宙，这必然导致现实交往与虚拟交往对时间的争夺，直至人们与现实世界的联系被完全割裂。

2. 虚拟交往对现实交往空间的侵蚀

"空间的本质在于其社会性。"空间与社会的联系非常紧密，元宇宙作为虚拟交往空间，重塑了人们本来对于现实交往空间的认知，而空间发生变化，会使原本的社会结构发生改变。元宇宙当然可以通过技术的模拟打造一个具有类似社会结构的虚拟交往世界，但当其真正被实现时，现实世界也就失去了存在的基础。

二、元宇宙中的社交场景与社交关系

社交元宇宙追求的是更深度的沉浸和更多元的交互。在社交元宇宙中，用户能够依据自身需求定制虚拟形象，在社交活动中获得更为丰富的情感体验及数字归属感。同时，用户也可以通过选择进入不同的元宇宙场景，体验的不同人生，与古今中外不同领域的人社交。社交元宇宙由游戏、影音、办公会议等元素组成，甚至包括虚拟房地产和各类数字经济要素。这些特征都意味着沉浸式的虚拟数字生活成为一种崭新的可能：元宇宙将促进人的"赛博格化"，通过定制化身形象，创建理想的"自我"。此外，元宇宙的沉浸打破了当下生活中对时间和空间的定义。如果说智能化时代的时空重塑还没有突破现世的约束，只能在当下的时间和空间中进行翻腾跃迁，那么，在社交元宇宙中，真假难辨的沉浸式体验使人们能够在现实世界和虚拟世界中交替穿梭。在虚拟沉浸的体验中，你可以和古人相谈甚欢，看到他所在的那个世界和时空，而不是从残卷书札中去了解。在元宇宙中，用户和虚拟资产也得到更加紧密的绑定，借助区块链、人工智能及各种识别技术，虚拟资产无论是获得还是转换，都与用户个人深度匹配。

元宇宙中的社交关系在现实世界强弱差序的格局上再添一层虚实并存。在元宇宙中，个体社交关系（强关系、弱关系、匿名关系、职业关系等）多层次并存。举例来说，微信是强关系的代表，这一类软件通常连接同学、朋友、同事等，线上和线下的关系趋于一致；微博是弱关系的代表，这一类软件中的人际关系纽带相对更加复杂、脆弱；陌陌和 Soul 等软件是匿名关系的代表，个体通常会刻意隐藏真实身份，追求虚拟人设带来的新鲜感；BOSS 直聘和脉脉等软件是职业关系的代表，个体通常会根据职业需求与特定人员建立连接。元宇宙作为对标现实世界的宇宙，也会将这些关系进行平移。不同的是，在多维时空和多人机协同的元宇宙中，各类社交关系将更加复杂，因为无论何时何地，个体都需要强关系、弱关系、匿名关系、职业关系等多种社交关系。元宇宙将增强个体线上的社交依赖性，但可能削弱线下的社交关系，这就导致元宇宙的发展在整体上促进了人机融生，传统的个人社交关系将逐渐转向基于区块链的分众群体自治化。

在市面上已有的社交 App 中，Soul（见图 3-30）是一个有着社交元宇宙虚影的现实社交媒介，也是目前最接近元宇宙概念的手机应用。2021 年 3 月，Soul 官方宣布构建以 Soul App 为连接的社交元宇宙。同年 5 月，Soul 在公开的美股招股书中再次明确了这一愿景。Soul 的社交原则是"共情、共建、共享、共生"，在这个社交宇宙中，用户们基于兴趣爱好来寻找精神共鸣的其他用户，基于责任担当来维护自己的兴趣星球，基于平等互动而非个人主义来实现用户共享和用户连接，最终将其塑造成为一个交织温暖与梦想的元宇宙。"虚拟人+Avatar 3D 化+虚拟偶像运营"让用户能够无压力地自由表达观点，"捏脸"（为其他用户设计头像）成为 Soul 平台创作者经济的一部分，凝聚用户群体和兴趣标签以探索更多商业化可能，这些都为这个社交星球的关系积淀奠定了基础。只要兴趣图谱在不断扩大和接续，这个星球就会越来越美好且存续。

图 3-30　Soul

第十三节　零售元宇宙

一、沉浸式媒介

沉浸式媒介是一种新型的媒介形态，由沉浸式技术的应用而产生，且已经超越技术层面具有独立的特性，在各种类型媒介林立的传播空间中占有一席之地。沉浸式媒介以独特的形态冲击传统媒介概念的内涵和外延，在传播要素产生质变的过程中呈现新的特征。学者将这种以沉浸式技术为主要特质的新兴媒介定义为沉浸式媒介。

20 世纪中期以来，以 VR 为代表的沉浸式技术逐渐发展壮大，并与社会、政治、经济、文化等方面相互关联和影响，受到社会各界的广泛关注。迄今为止，沉浸式技术已向军事、医疗、教育、娱乐等众多领域渗透，深刻改变着人们的思想观念和沟通方式，并形成了以多感官互动为特征的信息传播载体——沉浸式媒介。所谓沉浸感，是指信息主体在数字化空间中，基于特殊装置与信息客体进行互动时所形成的精神状态。在这个过程中，信息主体全身心投入，信息客体呈现虚拟或半虚拟的特征，两者之间通过虚拟界面的交互产生联系。20 世纪 90 年代末，研究数字传播与赛博空间的著名哲学家、大众传播学者 Pierre Lévy 在其著作 *Becoming Virtual: Reality in the Digital Age* 中发展和延伸了 Gilles

Deleuze 关于虚拟的观念，审视了数字时代的虚拟与现实，探索了人类社会中身体、文本、经济、语言、技术、社会关系与契约等要素被虚拟的方式。

数字技术的蓬勃发展为全球商业生态的结构性改革提出了新的要求，也为数字化零售空间的发展提供了新的思路。在 5G 技术的驱动下，以 VR（虚拟现实）、AR（增强现实）、MR（混合现实）为代表的沉浸式技术将实现突破性的发展，着眼于以视觉、听觉、动觉等多感交互特征的沉浸式媒介将构建商业信息传播的新范式。零售空间作为传播商业信息、进行商品交换、实现商品流通、满足消费者需求的空间环境，在数字技术的推动下迎来了新一轮的数字化变革，从数字化零售空间的转型升级中获取新的竞争优势。对应于传统零售空间，数字化零售空间将基于数据化、智能化、信息可视化等技术构建一个虚拟与现实深度融合的双线式（Online-Merge-Offline）消费场景。因此，认清沉浸式媒介在数字化零售空间中的应用价值并找准其应用途径具有明确的现实意义。

二、沉浸式媒介的应用价值

1. 经济价值

沉浸式媒介的本质是存储和传播信息的介质，其在数字化商业空间中的应用建立在互联网技术之上，并以现代信息技术为核心。沉浸式媒介的经济价值主要体现在以下 4 个方面。

第一，"身临其境"让经济组织结构趋于扁平。一方面，让生产者和消费者可以进行"亲密接触"；另一方面，降低了中间层次存在的必要性。

第二，Harold Adams Innis 将媒介划分为偏倚时间和偏倚空间两类，而互联网的到来将沉浸式媒介的时间和空间特性进行了有效调和，逾越了时空。基于沉浸式媒介的商业活动把时空因素的制约降低到最小限度，使商业信息的存储和交换全天候运作，同时加快商业活动的全球化进程，即让消费可以发生在任何时间和任何地点。

第三，沉浸式媒介让网内的虚拟性与网外的现实性并存，衍生新型虚拟经济。这里所说的新型虚拟经济是指在由信息网络和沉浸式媒介构筑的数字化商业空间中进行的经济活动，既可以为虚拟经济服务，又可以为实体经济服务，其交换物在形态上也是虚拟与实体共存的。

第四，日新月异的网络技术加速了沉浸式媒介在数字化商业空间中的创新性应用，从技术创新走向观念创新、组织创新、管理创新等，更具体的表现则是媒介应用途径的创新、商业传播方式的创新、产品价值的创新等。这些将扩大企业之间竞争与合作的范围，培育和促进创新型经济的增长极，成为当代经济发展的新动向。

2. 商业价值

在数字化零售空间中，沉浸式媒介为商品终端的消费者服务，在满足人们消费需求的同时，改变着人们消费行为和品牌营销模式，并以此为品牌创造商业价值。

一方面，沉浸式媒介集图片、视频、音频等媒介于一身，将营销传播的内容可视化，将商业展示从二维时代推向三维时代，让消费者能够更加生动、有趣地体验产品。保时捷虚拟试驾、优衣库虚拟试衣、阿迪达斯虚拟试鞋、丝芙兰虚拟试妆、周大福虚拟试珠宝等都是沉浸式媒介在数字化零售空间中的典型应用，是对"浅尝信息式购买决策"的呼应。企业借助沉浸式体验进行营销传播，有效增强消费者的购前参与性，提升消费者对产品的认知，提高产品本身的先验性价值，实则是为品牌建设赋能。另一方面，沉浸式媒介营造了一个全新的商品流通空间和信息交换空间，强调经济运行的基本组织形式，即零售活动的网络化特征。百年药店 Walgreens 早在 2014 年就开始尝试在购物车上安装平板电脑，借助平板电脑里的 AR 应用，实现商品信息检索和商品展示。消费者在推着购物车行走时，不仅可以即时获得两侧货架上商品的折扣信息，而且能够随时检索需要商品信息。

如今，在大数据、人工智能、物联网等数字技术协同创新的趋势下，数字化零售空间中的受众行为可以被更加全面地记录、搜集和跟踪，从而对营销效果进行改进。可见，商品的信息、产品的展现等以观赏式交流与游戏性互动等形式呈现在消费者面前，在辅助消费者做出决策的同时，实际上也拓展了品牌的营销创意空间，赋予了零售营销活动新的价值和竞争优势。

三、沉浸式媒介的应用场景

技术迭代和消费升级带来了零售基础设施的变化，引发了第四次零售革命。零售空间作为商业空间的重要组成部分，是城市数字化转型的重要一环，许多企业深受沉浸式技术发展的影响，为其数字化转型构建基本的组织结构和资源，有关 VR/AR/MR 的商用概念遍地开花。自 2017 年以来，全球大型零售商 L'Oréal、Nike、ULTA Beauty 和 Williams Sonoma 分别收购了 ModiFace、

Invertex、GlamST 和 Outward 4 家以 3D、AR 或 VR 技术见长的企业，对其技术资源重新整合。美国电商头部企业 Amazon 继开设 AR 家具店之后，于 2018 年获得了 MR 智能镜子专利，实现了用户在虚拟空间中进行虚拟试穿的体验。中国企业阿里巴巴在杭州嘉里中心和银泰城开设了新零售体验馆，公开了虚拟试衣镜、未来试妆镜、AR 天眼等一系列由沉浸式媒介驱动的购物体验。纵观国内外，零售商业空间的数字化趋势越来越明显。

5G 时代的来临将极大地促进社会生活从线下向线上的转变。沉浸式媒介将在零售空间的数字化转型中得到更加广泛和深刻的应用。数字化零售空间将基于数据化、智能化、信息可视化等技术构建一个虚拟与现实深度融合的双线式（Online-Merge-Offline）消费场景。一方面是市场结构和商业运作方式等顶层设计的改变，另一方面是空间组织安排、场景氛围营造、展示创意设计、商业信息传递等微观层面的改变，零售空间的每一个层次和要素都将呈现对数字化的考虑。相关研究指出，许多零售商受益于电子商务，得以快速发展，但他们应该意识到虚拟现实（VR）技术和消费者体验可能给市场环境带来新的改变，并对现有的 B2C 战略带来威胁。从商者应给予消费者在沉浸式 VR 场景中的交互体验更多关注，交互性、临场感及生动性等都应该是被考虑的范畴，而非简单地用前沿科技设计出电脑界面[1]。

元宇宙阶段的零售应用是对商业革命变革更高维度的回应。

---

[1] Lau K, Lee P, Lau H. Shopping experience 2.0: an exploration of how consumers are shopping in an immersive virtual reality[J]. *Advances in Economics & Business*, 2014, 2(2): 92-99.

AR 和 VR 将带来更深层级别的虚实交融，未来零售的前沿方向主要集中在三大方面。一是利用 AR 购物前置体验环节，二是用虚拟"图层"点亮现实世界，三是利用 VR 虚拟（数字孪生）商店提供随时随地的消费体验。途明 360°虚拟商店（见图 3-31）具有 AR 叠加层，能够帮助购物者提前体验将实物大小的产品放在家中的效果。抖音推出了 Landmark AR 技术，用户扫描城市地标后，可为其添加动态浮层，创造超现实的观看体验。"未买先体验""未到先体验"成为一种趋势，将商品信息实现最大程度的显化，给消费者提供最实在的选购便利条件。Obsess 于 2021 年 7 月与护肤品牌 Dermalogica 合作，推出沉浸式 VR 商店（见图 3-32），还原实体店般的导航体验。韩国乐天公司在 CES2022 上展示了元宇宙平台"LOTTE Metaverse"，用户足不出户就能使用 VR 在该平台购买商品、看电影、听音乐会……未来的购物旨在为消费者提供快览细选的购物节奏及高效消费的购物体验，正如 Obsess 创始人兼 CEO Neha Singh 所期望的那样，未来零售的前沿是让客户以更加有机和自然的方式全面透彻地了解产品、使用产品。

图 3-31　途明 360°虚拟商店　　图 3-32　Obsess 沉浸式 VR 商店

第十四节　奢侈品与潮牌元宇宙

一、元宇宙奢侈品先锋——Gucci 抢跑赛道

1921 年，Gucci（古驰）创立于意大利佛罗伦萨，是全球奢侈品品牌之一。Gucci 在 The Sandbox 上策划基于主题的背景，灵感来自 Gucci 创建的著名的实验性在线空间"Gucci Vault"。这意味着元宇宙概念使高端奢侈品开始正视这种全新的消费时尚和消费形式。这种急于尝试和建立受众的背后，是品牌不愿错过时代快车的抢跑"野心"。

2021 年，当四大时装周已经悉数回归线下的旧秩序或继续现有的"线上+线下"模式时，元宇宙概念的横空出世，带给奢侈品行业的未来显然更令人兴奋。2021 年，Roblox 平台为 Gucci 举办了一场虚拟展览。Roblox 上的玩家可以用少量的游戏货币买到 Gucci 产品的数字模型，如 Dionysus 系列小号 GG 肩背包（见图 3-33）。而在展览上的数字产品销售一空后，部分游戏玩家开始把这些抢手的奢侈品 NFT 拿去拍卖，价格瞬间水涨船高。其中一件是在现实世界中颇为畅销的 Gucci 酒神包 NFT，在拍卖会上以 4100 美元（约合人民币 2.7 万元）的价格成交，比真的 Gucci 酒神包零售价还要高出 700 美元（约合人民币 4550 元）。

图 3-33 Dionysus 系列小号 GG 肩背包

目前，Gucci 的元宇宙品牌框架包含虚拟游戏、虚拟数字收藏品和虚拟服饰三大类别。"蜜蜂快跑"（Gucci Bee）与"古驰王牌"（Gucci Ace）以游戏的方式将 Gucci 的品牌故事娓娓道来，玩家还可以通过收集游戏中的徽章进行分享和互动。徽章为当前最典型的社交货币，也是对玩家时尚身份的一种官方认可。Gucci 携手全球大热的网球手机游戏——网球传奇（Tennis Clash，见图 3-34），在虚拟游戏场景中植入自己的新款时装，推出独家主题服饰，并在游戏中举办"Gucci 公开赛"。这场线上限时锦标赛活动中场地和球拍都是由 Gucci 打造的。Gucci 的数字收藏艺术品将采用该公司的经典图案及 Superplastic 数字角色 Janky 和 Guggimon

图 3-34 网球传奇（Tennis Clash）

的设计，将共计 250 个数字收藏艺术品分 3 次铸造和依次发布，在保持长效吸引力的同时，为品牌的增值保值铺垫了后续的发展道路。

二、奢侈品元宇宙的展望

元宇宙对奢侈品行业的助推不仅仅体现在某个单一奢侈品品牌的布局和入场，通过打造元宇宙艺术展，元宇宙以最小的成本将各路奢侈品"轻易"汇集。为了庆祝具有里程碑意义的"双 11"购物节，阿里巴巴在天猫/淘宝 App 上推出了"双 11 元宇宙艺术展"，由阿里巴巴首位数字主理人 AYAYI 主持。此次展览以 NFT 产品的形式展示了 8 个品牌的限量系列，来自英国的奢侈品牌博柏利（Burberry）和豪华护肤品牌科颜氏（Kiehl's）等参与其中。博柏利制造了 1000 个 NFT 数字收藏品，售价为 2900 元，其中包括一个 3D 的互动版本吉祥物小鹿"博博鹿"。用户可以点击进入博物馆画廊，与这个戴着博柏利围巾的 3D 作品互动。科颜氏则将其数字收藏品与购买 Ultra 面霜捆绑在一起。在"双 11 元宇宙艺术展"上，科颜氏以其吉祥物——骨头先生（Mr Bones）为主题，Mr Bones 乘着液态金属织成的飞毯飞翔。

虽然对于奢侈品牌来说，这些虚拟人物可能有点特殊，但对博柏利和科颜氏这样的品牌来说，站在数字前沿是一种优势，尤其是在试图吸引技术爱好者的注意力时。仅有 8 个品牌参加活动这一门槛的设置也带来了声望和排他性，展览本身创造了一个重要的体验：不仅仅是获得这些商品（数字物品或实物），更重要的是首次置身元宇宙艺术展览的感受。体验对于奢侈品牌很重要，尤其是在没有实体商品互动的网上购物中，体验感是第一位的。将实体物品与虚拟艺术品的购买联系在一起，可以让消费者在购买虚拟体验和独特的数字道具的同时，获得有形的奢侈品。

基于 AR 技术的应用也通过试穿功能，帮助这些奢侈品牌更好地接近顾客。2020 年，京东为其应用程序"AR 试鞋"发布了一项新功能，允许用户扫描自己的脚，并虚拟试穿鞋子。LVMH 旗下的鞋类和定制皮具制造商 Berluti 就运用了这一功能。2021 年 7 月，Berluti 在京东开设了一家旗舰店，首次进军 AR 领域，该公司为特定商品提供了 AR 试鞋服务。该投资让 Berluti 得以在"双 11"向顾客提供 AR 试戴产品，成为少数几个使用该功能的奢侈品牌之一。与此同时，Tods（意大利奢侈鞋、包和配饰品牌）和 Hogan（休闲奢侈品牌）也进行了尝试。对于任何在线销售的品牌来说，"AR 试穿"都是一项有价值的功能，对高端品牌尤其重要。因为忠诚的顾客会寻求与产品互动感，而不常消费的用户可能会寻求物有所值的体验感。

元宇宙第一批主力原住民恰巧是奢侈品品牌的主力消费群体，Gucci 选择在元宇宙开体验店正是想吸引潜在消费群体的注意力，或许其营销的效果将大于盈利。Gucci 也用实力证明，在元宇宙里，奢侈品是能够掘到金的。毕竟，元宇宙能够持续吸引奢侈品牌的关键或许在于，相对于制作一枚手表或一款手袋的成本、利润和难度，制作一件 NFT 产品兼具了低成本和高利润。而且元宇宙中包含了大量的数据，即使产品在现实世界中尚不存在，也可以通过顾客有意或无意的反馈来获知他们对产品观感的宝贵意见。再加上软奢类品牌和硬奢类品牌求同存异，在元宇宙的大舞台上通过找准自我定位，抢占市场份额，别出心裁地开启自家独特的

NFT 化道路，或许可以迎来新冠肺炎疫情之后奢侈品品牌真正的春天。

三、潮牌元宇宙：青春相逢 个性流行

作为崭新的亚文化现象，元宇宙与潮牌互惠共生。购买潮牌是年轻人参与构建元宇宙的一种独特方式。在虚拟时尚领域，元宇宙的未来资产之争已拉开序幕，无论是 Nike、Adidas，还是其他潮牌动作不断。欧美国际品牌（见图 3-35）在元宇宙创新中具备先发优势。Nike 与 Roblox 共同建立耐克元宇宙 NIKELAND，并收购了定位高端数字服装的初创公司 RTFKT 工作室。这是 Nike 迈向数字化转型、扩大元宇宙版图的又一次迈步。Adidas 通过"元宇宙销售活动"盈利超过 2200 万美元（约合人民币 1.4 亿元）。Gap 收购 3D 虚拟试穿方案商 Drapr，帮助线上消费者寻找合适的尺寸。American Eagle（AE）、Bitmoji 和 Snapchat 共同推出 2021 年秋季返校活动"Future Together, Jeans Forever"，发布了 AE 数字服装系列。

作为一个全新的中国元宇宙虚拟潮流运动品牌，Meta Street Market 宣布进军虚拟时尚市场，第一代球鞋 XNOR-100 以原创设计经典系列与 J-art 数字艺术平台合作，并联合 Supreme 情报网首发（见图 3-36）。该系列球鞋限定 300 双，正式启动元宇宙"虚拟球鞋文化"的第一波红利。

作为中国首个元宇宙潮流运动品牌，数字化的可持续时尚成为 Meta Street Market 的重要组成部分，致力于进入元宇宙，与"Z 世代"消费大众建立联系，这将是虚拟时尚世界在 2022 年一个全

新的持续升温信号。Meta Street Market 在其特立独行发展潮流文化的同时，也为国内元宇宙市场注入更多的时尚潮流数字藏品。虚拟潮鞋只是 Meta Street Market 撬开元宇宙潮流数字艺术市场的第一步，在不久的未来，将会创造一个包罗万象的元宇宙潮流世界。

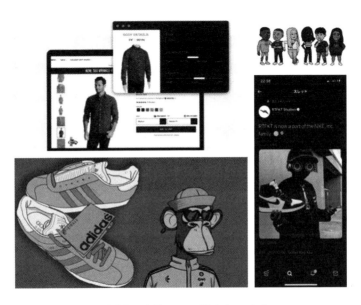

图 3-35　欧美国际品牌参与元宇宙

图 3-36　Meta Street Market 虚拟球鞋

第十五节 "顶流"元宇宙：巅峰借势 泡沫奇观

元宇宙的爆红也让娱乐形式发生变化。顶流明星为了迎合年轻群体，通过数字分身举办虚拟演唱会，以各种方式构建了一个多元化的营销矩阵，但这种似泡沫的繁荣态势存在崩溃的可能性。

元宇宙演唱会火爆，众多音乐人被吸引并参与其中。一是元宇宙演唱会有利于提高安全性，降低新冠肺炎病毒感染的可能性及安全事故的发生概率。我们处在新冠肺炎疫情时代，病毒风险一直存在，这也让现场音乐会的举办变得异常困难。而元宇宙演唱会将感染新冠肺炎病毒的风险降到最低，提高安全性。对于一些非常受欢迎的歌手来说，一场现场音乐会可能会吸引上万人参与，存在发生安全事故的可能性。例如，在 2021 年 11 月 5 日晚，说唱歌手 Travis Scott 的 Astroworld 音乐节上发生了严重的大规模踩踏事故，造成多人伤亡。

二是元宇宙演唱会创新互动，突破空间限制。元宇宙演唱会拥有现实演唱会不可能实现的特效，表演者能够突破一切现实限制，给观众带来一场无法在现实世界中复制的演出体验。对于粉丝来说，不管身在何处，都可以突破空间限制与喜爱的歌手近距离接触和互动。对表演者来说，这是一次与全球粉丝加强互动与联系的宝贵机会。

三是元宇宙演唱会增加音乐人收入，提升知名度。对于很多歌手来说，举办元宇宙演唱会无疑能增加收入。这个新增收入不仅仅是演出费，歌手还可以通过在元宇宙演唱会中展示相关品牌、售卖与其相关的游戏皮肤、参与其他与该元宇宙演唱会相关的活动增加收入。此外，除了歌手本身的流量加持，其举办元宇宙演唱会的平台宣传，以及元宇宙本身自带的话题热度都会给这些歌手带去热度，歌手知名度会得到一定程度的提升。

2021 年 11 月 19 日，加拿大歌手贾斯汀·比伯（Justin Bieber）在虚拟娱乐平台 Wave 举办了自己的元宇宙演唱会（见图 3-37），通过科技的力量，给观众带来了一场集游戏、实时动作捕捉和现场音乐表演为一体的身临其境的互动体验。除了场景的更新，元宇宙演唱会具备了独特的观众互动性。粉丝可以通过 Wave 平台观看演唱会，也可以在贾斯汀·比伯的官方 YouTube 账号观看实时直播。在观看实时直播的同时，观众可以根据场景向贾斯汀·比伯发送流动的金光，草地会生长出红、黄、蓝 3 种不同颜色的花丛。贾斯汀·比伯将在自己的虚拟世界（即元宇宙演唱会）以虚拟形象进行表演，观众可以使用虚拟表情与其直接互动，并且这些表情他都可以看到。

而在更早的 2020 年 4 月，美国饶舌歌手 Travis Scott 用其虚拟人身份在游戏《堡垒之夜》里举办了一场名为"天文学"的直播演唱会，收获上亿次的观看，Travis Scott 本人更是盈利 2000 万美元（约合人民币 1.3 亿元）。2021 年 8 月，美国知名女歌手 Ariana Grande（爱莉安娜·格兰德）在《堡垒之夜》举办了一场虚拟演唱会"Rift Tour"，吸引了多达 7800 万名玩家。技术改变了娱乐的呈现形式，使我们不再局限于时间和空间，好好享受一场线上的数字演唱会。

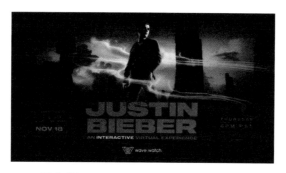

图 3-37　贾斯丁·比伯的元宇宙演唱会

文娱圈被元宇宙这股浪潮席卷，从明星到电影，正在全面拥抱元宇宙。周杰伦和友人推出的"Phanta Bear"数字藏品/NFT 头像作品（见图 3-38）在 40 分钟内全部售出，营收约 6200 万元。林俊杰在虚拟世界平台 Decentraland 以 12.3 万美元（约合人民币 80 万元）购入 3 个虚拟地块。《蜘蛛侠：英雄无归》《黑客帝国 4：重生》等均推出 NFT 藏品。王家卫首个电影 NFT 作品《花样年华——一刹那》在苏富比"现代艺术晚拍"中以 428.4 万港元（约合人民币 355 万元）价格成交，创王家卫个人作品与亚洲电影 NFT 作品拍卖价格新高。

图 3-38　周杰伦/昆凌夫妇使用 NFT 头像

第十六节　房地产元宇宙

一、看房住房　人居和谐

相较于国内外大厂积极布局元宇宙，房地产由于其行业的特殊性，虽然暂时无法彻底打破虚拟与现实的交互，但是当下依然可以借鉴元宇宙的理念，加大线上数字化建设，借助当下已有的技术手段，与元宇宙有所交互。例如，贝壳找房、安居客等房产互联网头部企业通过 VR 虚拟现实技术，给客户提供更加真实及更具沉浸式的看房感受。看房购房体验升级主要体现在以下 3 个方面。

1. 超越地域

在元宇宙中，可以看遍世界任何一个角落的数字房产。传统房地产销售模式由于技术操作层面的局限显露了几大弊端，时空限制就是其中一点。在交易实际达成之前，一般需经过客户实体看房这一过程。对于二手房交易市场而言，还要多出联系房主这一步骤，客户也要抽出相应的时间"四处奔波"，其过程中交通花费的时间可能远远大于实际看房的时间，这个过程无疑造成了大量的时间、精力及交通往来的成本，降低了市场效率。此外，对于地理距离较远的买卖双方来说，达成交易的难度会更大。有时由于某些因素，客户的房屋目标地点并不处于其现居住城市，如果实际情况为跨国购房则更加麻烦。由于可能存在语言不通的问题与文化差异，信息沟通畅通程度较差，沟通过程中很可能出现误解与摩擦，不利于双方达成交易。

因此，打破房地产销售僵局的关键在于消除买卖双方在空间与时间上的限制，提供足不出户便可随时随地及时了解感兴趣房屋的信息，与房屋进行零距离实时互动体验。VR 技术基于其自身技术特性，可以为使用者带来极其震撼的效果体验。借助 VR技术可以对楼盘的所有信息进行真实的模拟，用三维交互的方式全方位地展示楼盘信息，通过 VR 设备看房（见图 3-39），相较于传统的展示模式，客户将更真实、更直观地了解房屋全貌，拥有身临其境的感受。VR 设备的便携性和可移动性帮助客户实现异地看房，不受空间和时间的限制，为客户节省了资金、时间等成本[1]。即使无法令客户当下做出决定，也会增加对客户的吸引力。

图 3-39　VR 设备看房

[1] 岳建建. 互联网+虚拟现实对房地产销售模式的变迁与影响[D]. 北京邮电大学，2019.

2. 虚拟讲解

虚拟人顾问陪同提供专业讲解，客户可在平台上观看虚拟样板间并与虚拟人顾问实时互动，如果房源合适可进一步预约线下看房。例如，贝壳找房在 VR 看房基础上提供的经纪人语音讲解服务，犹如一台博物馆讲解器，由经纪人提前录制，为消费者提供全面讲解。无忧 VR 采用全球顶级硬件 HTCVive 和 UE4 开发引擎，打造全场景式 VR 看房产品，能够将社区、配套及 VR 样板房完整展示，提供全面立体的房屋信息。AI 人工智能销售助理 Hugo 在 VR 场景中，为用户提供周到便捷的置业问答服务，同时收集用户信息与关注点。

3. 数字装修

用户可在线 DIY，形成个性化的装修方案。借助 VR 技术，客户不仅可以参与设计，而且可以从未来住户的角度给地产商提供意见和想法，并在看房系统中亲自设计房屋的装修风格。这样的交互模式大大提升了客户的参与感，让客户不仅仅被动地接受所有信息，而是变成参与方，也为日后的客户营销做好了铺垫。同时，房地产行业中装修和施工阶段变化较多，因为这涉及设计公司、开发商、施工方等各个方面，同时也涵盖了给排水工程、装饰工程、钢筋工程等环节，这些环节设计不当往往会给开发商或客户带来很多不必要的麻烦和损失。借助 VR 技术，设计师就可以在施工前对整个建筑物内部进行仿真模拟，让施工方先期在模拟环境中进行施工操作，这样就可以提前发现未来真实操作的时候可能存在的一些问题，及时消除隐患。

借助 VR 技术，还可以进行居住安全保障升级。一方面是智能控制，可以智能分布式控制水、温度、声音、光，营造健康居住环境。另一方面是风险预警，通过数字化和可视化，预警居住风险，保障住户安全。

二、虚拟房地产：源起虚空 初梦如试

虚拟房地产是一种观念，其价值在很大程度上依托于算力、创意、流量的共识。虚拟房地产的火热离不开 NFT 的出现。NFT（Non Fungible Token）即非同质化代币，是区块链的一种衍生概念。每一个 NFT 都独一无二、不可互换，但同时又拥有和比特币一样可追溯、难以篡改等区块链特性。所以，人们发现，将一些数字资产绑定在 NFT 上，使这些资产区块链化，就解决了虚拟世界资产归属权的问题。通过 NFT，元宇宙中的房地产真正有了房地产证，推动了房地产的数字化[1]。

The Sandbox、Decentraland、Cryptovoxels、Somuium Space 是一周内的交易量约为 1 亿美元（约合人民币 6.5 亿元）的四大虚拟房地产。The Sandbox（见图 3-40）是一个虚拟游戏世界，即一款基于以太坊区块链的沙盒游戏，玩家可以创建和拥有不同的游戏体验，并从中获得收益。目前，沙盒游戏是元宇宙落地的重要载体之一。和以往的沙盒游戏一样，玩家可以用编辑器在 The Sandbox 中设计和创造各种游戏场景和环节，但不同的是，这个游戏设计了 10 万块"土地"的大地图，玩家只有拥有了游戏中的土地，才能把设计的游戏落地，并开放出来让别的玩家参与体验。玩家还可以用编辑器制作各种资产，如车子、房子，然后在游戏

---

[1] 张杨. 元宇宙房地产，真能炒吗[N]. 解放日报，2021-12-18（006）.

里变现。一个被人津津乐道的故事是，说唱歌手 Snoop Dogg 加入了这个世界，有人为了做他的邻居，花了近 50 万美元（约合人民币 325 万元）买下一块地。Decentraland（见图 3-41）是基于区块链建立的一个虚拟世界，由数量有限的"LAND"地块组成，允许用户创建和运行任何物品或资产，并从中获得利润。通过这个世界发行的代币"MANA"，用户可以购买土地、商品和服务。用户可以在这些地块上把自己的想象力落地，如建别墅、搭游乐场、放广告牌。Cryptovoxels（见图 3-42）是一个构建在链上的虚拟世界，玩家们可以买卖并建造虚拟美术馆、商店及能想象到的任何东西。Somnium Space（见图 3-43）是一个基于区块链并完全由用户主导的开源社交型 VR 世界，用户可以购买数字土地，并建造自己的 VR 房屋和各种建筑物。

图 3-40　The Sandbox

图 3-41　Decentraland

图 3-42　Cryptovoxels

图 3-43　Somuium Space

国外虚拟房地产发展的特点主要是基于去中心化的平台。虚拟房地产可以由用户参与建设，其火爆程度与金融炒作联系密切，风险性较高。Tokens.com 是一家总部位于加拿大多伦多的公司，主要投资元宇宙中的房地产及与 NFT 相关的数字资产。该公司 CEO 安德鲁·基格尔介绍，最近他们斥资近 250 万美元（约合人民币 1625 万元），在当下很火爆的元宇宙平台购买了一块土地。在过去几个月里，几经转手，这块地的价格已经翻了 4～5 倍，比现实中美国曼哈顿的平均单套房价还要高。业内人士预计，元宇宙"炒房团"的热度或将持续。加密资产管理公司 Grayscale 近期发布的报告称，在不久的将来，数字世界的业务规模可能达到 1 万亿美元（约合人民币 6.5 万亿元）。

由于其平台生命具有周期性，因此，虚拟房地产在具备价值的同时也存在极高的风险。在元宇宙中，通过算力可以最大程度减少"房屋"的稀缺性，需警惕虚拟房地产高价背后的炒作风险。一名虚拟地产商表示，购买虚拟土地看似简单，但正如加密货币一样，其中的投机性成分很高，要随时做好亏损的准备。亚利桑那大学从事房地产理论与实践研究的马克·斯塔普（Mark Stapp）教授提醒说，"照这样发展下去，最有可能出现的就是泡沫，你购买的是与现实无关的东西。"还有行业人士表示，目前国内 NFT 的法律形式、交易方式、监督主体等都尚未明确，相关产业存在炒作、金融产品化等风险，投资者应保持谨慎态度[1]。因此，国内发展虚拟房地产应更加强调平台的主体责任，需要严格监管元宇宙的平台建设者，确保虚拟房地产按照正常合规的逻辑运行。

---

[1] 杨瑛. 砸钱买虚拟地皮，"炒房团"进军元宇宙？[N]. 解放日报，2022-02-27（005）.

第十七节　元宇宙与IP：跨境心智　引流增值

　　IP原本是英文"Intellectual Property"的缩写，直译为"知识产权"，在互联网界已经有所引申。互联网界的"IP"可以理解为所有成名文创（文学、影视、动漫、游戏等）作品的统称，也就是说，此时的IP更多地代表智力创造作品的著作权。IP在元宇宙中的使用途径主要是作为地图设定中的时空要素，可提供货币体系和人物形象，打造完整的IP虚拟乐园。

　　IP元宇宙的构建基础是跨媒介叙事。学者亨利·詹金斯2003年在其著作《融合文化：新媒体和旧媒体的冲突地带》中对跨媒介叙事进行了阐释，其核心概念为内容的创制应当与媒介特征相契合[1]。正如玛丽-劳拉·瑞安指出的那样，跨媒介叙事不是像拼拼图一样把故事拼凑起来的游戏，而更像是引导你进入你所喜爱的世界的一趟旅程[2]。跨媒介叙事一是要有庞大框架，故事可开发、可拓展；二是充足留白，故事具备连续性和多样性；三是可个性定制，基于不同媒体的特性，有针对性地对内容进行改编和升级。

---

　　[1] 常丹. 陕西历史博物馆信息传播研究[D]. 西安：西北大学，2016.

　　[2] 杨敬. 后疫情时代的文化遗产大众传播——"2021文化遗产大众传播论坛"学术研讨会综述[J]. 中国博物馆，2021（02）：123-124.

目前，娱乐品牌 IP 与元宇宙的关联较多，如与复仇者联盟一起拯救世界、在魁地奇比赛中扮演哈利·波特、在宝可梦的世界里训练自己的神奇宝贝等。消费品品牌 IP 元宇宙有"与可口可乐北极熊一同探索北极""穿限量版 Vans 在虚拟公园玩滑板""与肯德基上校一起研制新款炸鸡"等。

1. 中文在线："海量 IP+版权保护"布局元宇宙

中文在线以原创平台、知名作家、版权机构为正版数字内容来源，20 年来累积数字内容资源超 500 万种，拥有网络原创驻站作者 430 万名；与 600 余家版权机构合作，签约知名作家、畅销书作者 2000 余位。

IP 多元运营，内容矩阵丰富。音频方面，精品内容版权资源储备领先，音频库存总时长超 40 万小时；"真人主播生态+领先 TTS 文语转换技术"双轮驱动；单部作品播放超 30 亿次。动画方面，绑定工业化优质资源，IP 商业化再提速。由中文在线与企鹅影视联合出品、原力动画制作的动画《修罗武神》（见图 3-44）将于腾讯视频独家播出。漫画方面，携手平台深耕产业，打造精品内容，《混沌剑神》（见图 3-45）国内点击量排名靠前，同时"文化出海"，在日本、欧洲、北美陆续上线。影视方面，深度衍生开发，协同平台放大版权价值。根据中文在线的优质 IP 改编为影视剧作品，多部正在制作中，未来陆续在爱奇艺、腾讯视频等头部平台上线。微短剧方面，与抖音、快手（见图 3-46）、B 站等头部平台合作，应"势"而生，抢占市场风口，新业务加速发展。多部微短剧播放量获得佳绩，未来将持续推出新作。

图 3-44　动画《修罗武神》

图 3-45　漫画《混沌剑神》

图 3-46　与快手合作

　　腾讯作为中文在线的第二大股东，双方在原有业务的合作基础上将会有更多协同和战略资源互补，中文在线拥有的海量 IP 库和源源不断的优质内容，将有力支持构建平行的互动元宇宙场景，中文在线将积极与股东方及社会各界合作，用公司海量的 IP 创造丰富多彩的元宇宙。中文在线在深交所互动平台上的回复中称："未来公司的作者和读者可以在元宇宙的场景下互动，同时作者之间、读者之间也可以进行互动，面对面地讨论，空间交互，实现内容共创，更可以在创造的世界中一起畅游。公司所拥有的 IP 动漫人物也能够和现实读者实现交互。所有故事中的人物都不再是平面的，读者可以走进故事内，与虚拟人物互动，与现实的作者和读者互动，并不断创作出元宇宙世界的新故事。"也就是说，中文在线的未来发展方向是建立双向环境叙事模式，开发自带应用场景的虚拟人，让观众成为 IP 元宇宙中的内容编辑者。中文在线布局元宇宙见图 3-47。

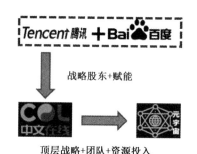

图 3-47 中文在线布局元宇宙

2. 华扬联众：IP 开发 新零售+新经济探索

2022 年 1 月 15 日，华扬联众与上海燃麦网络科技有限公司（以下简称"燃麦科技"）、喜悦娱乐（杭州）股份有限公司（以下简称"喜悦娱乐"）签署战略合作协议，三方拟成立合资公司（华扬联众拟持股 40%，燃麦科技拟持股 30%、喜悦娱乐拟持股 30%），探索元宇宙数字内容的制作和搭建，为数字变革的商业时代注入新动能。合资公司成立后，华扬联众依托自身强大的客户资源、媒介资源、大数据技术，整合各方优势，为合资公司数字虚拟 IP 的商业变现运作提供支持，主要表现在以下几个方面。

（1）探索新零售领域的应用场景。华扬联众旗下子公司上海骞虹文化传媒有限公司（Digital Fashion Lab）与其数字合作团队

（Blue Mirror DGL & ilove fun Inc.），打造景甜的数字虚拟形象——甜小甜（见图3-48）。

（2）搭载技术，探索数字营销创新应用。依托大数据处理技术和数字虚拟形象技术，华扬联众利用自有车型数据库，智能化产出内容产品，如数字分身视频、数字虚拟形象短视频、数字虚拟形象主播等。虚拟人可为消费者提供沉浸式驾驶感受，并在短视频直播中与用户互动。甜小甜看秀前预告见图3-49。

图 3-48　景甜和甜小甜合影　　图 3-49　甜小甜看秀前预告

（3）联合银行探索下一代网络支付方式和经济体系。华扬联众与工行联合开展数字人民币封闭试验合作，共同加速场景建设和用户推广，持续探索下一代虚拟消费、支付场景，夯实数字经济的基础设施。

（4）携手文博超级 IP，孵化数字文创 IP 及数字藏品。华扬联众陆续与秦始皇帝陵博物院、故宫博物院进行文创 IP 开发、数字展陈建设和文创产品研发等深度合作。合作成果包含以 12 位秦俑为原型的"蒹葭十二士"、中国文博深度云学习平台"故宫云课"
（见图 3-50）等。

图 3-50　中国文博深度云学习平台"故宫云课"

华扬联众以驱动增长为核心、整合全域及全链数字化经营能
力的信息科技集团，通过沉浸式互联网环境下的新需求与新机遇，
进行数字虚拟技术的开发和孵化，持续在数字科技、虚拟形象、
元宇宙等新兴技术方向实现数字资产价值的增长。

第十八节　娱乐元宇宙：重塑自我 畅游灵境

娱乐元宇宙包含奇观化、幻想化色彩的文化工业内容产品，也包含与之有关的各类青年消费文化，在一定程度上将以"Z 世代"为主要消费群体，其中，剧本杀和游戏占据了娱乐板块很大一部分。娱乐元宇宙具有以下 5 个特点。

（1）生命重启。所有使用者在 App 场景里会有一个虚拟人角色，以第一视角或第三视角生活和娱乐。虚拟人和高仿人机器人成为自然人在元宇宙中娱乐的重要陪伴角色。

（2）多场景交互。元宇宙中的会议以虚拟场景与现实场景相结合的方式举行，使用者可以在 App 场景里的餐厅、咖啡厅、酒店等地点协商交谈，强化使用者的"在场感"。

（3）自我定义。在元宇宙世界里，用户可以成为自己的"造物主"，制作自己的形象，任意更换造型，甚至创造和使用现实世界不存在的样貌和造型。

（4）情绪共振。参与者融入"场景"及其随后的"文化实践"，是一个动态的认同建构的过程，符号和行为会在"意义流"中得到全新的阐释。

（5）虚实共生。所有使用者在元宇宙中获得的金币可以用来购买现实物品，物品可线下送到用户手上。在元宇宙里结识的朋友亦可线下见面，超越现实又与现实融合。

一、剧本杀元宇宙：场景增强 别样演绎

元宇宙和剧本杀本质上都是年轻人的体验经济，是自我发挥的全新舞台。在玩剧本杀的过程中，玩家扮演一个人物，然后经历人物的生平，从而获得一种沉浸式的体验。而元宇宙带给剧本杀的突破性，是让剧本杀从文旅的几个固定场景走向更大的世界场景。游戏模式不再是"组一局剧本杀然后开局，靠刷本成为剧本杀届的高端玩家"，而是"入局便不会落幕，玩家可以在剧本世界不断模拟以获得新的体验"。

剧本杀元宇宙通过数字孪生技术搭建拟真场景，解决剧本同质化和存有量低下等问题，获得强大的客流转化能力和高效的落地能力。虚拟人、高仿人机器人作为 NPC 或主持人，有效降低人力成本，建构理想场景。元宇宙的体验模式可提供自主换装和实景搜证，减少场地成本，提高场地使用效率，降低客单价。在科技元素、角色换装、主持人等影响下，剧本杀的实景游戏体验及社交属性，越来越成为吸引并维持用户的重要因素。剧本杀元宇宙反映了新生代体验经济盛行。剧本杀与元宇宙见图 3-51。

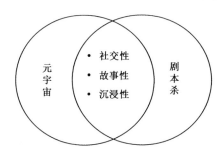

图 3-51 剧本杀与元宇宙

剧本杀将从一种浮光掠影式的线下娱乐业态，转变为现实世界中的人生模拟器；不再是原来的封闭式固定结局，而是转变为多支线开放式结局。现实场景和元宇宙场景的结合有效提高了沉浸感，消除了职业、身份和地位的差别，玩家可以真正进入一种元域，初始化后所有人都站在同一起跑线。目前，剧本杀在国内仍属于新兴行业，行业进入门槛较低，剧本杀市场的膨胀速度不断加快，大批创业者争相进入，使得近年来线上线下剧本杀企业数量激增。未来，剧本杀行业在游戏内容上向沉浸式剧场靠拢，提高沉浸式临场感将成为剧本杀行业最大的竞争壁垒。

二、游戏元宇宙：开放世界 玩赚经济

游戏可以是社交聚会的主要目的地，数字化身成为人们自我表达的一部分，游戏世界能够承载并让人们获得通过其他媒介无法感受的丰富社交性及人类社会体验[1]。

开源证券发布最新研报显示，游戏作为现实世界的模拟和延伸，可能成为元宇宙最先应用的场景。随着4G和5G技术的发展，智能手机的使用率不断扩大，预计在不久的将来，越来越多的用户将访问基于加密和区块链的游戏。由于区块链是开放且无须许可的，任何人都可以在区块链进行构建。通过区块链技术完成内容发布、版权众筹、IP交易等，其开放世界很可能成为元宇宙落地的天然场景。同时，元宇宙的经济活动包含生产、积累、交换、

---

[1] 刘艳. 元宇宙让游戏行业迎来健康发展的新机遇[J]. 中国商界，2021（12）：30-31.

消费，而这些涵盖了游戏项目的研发、运营、发行等。平台上的财富币作为流程润滑剂，源自"挖矿用户"对整个生态的贡献，通过财富币激励的方式解决常见的平台垄断问题，可以促进游戏开发者和玩家的参与积极性。中娱智库专家表示，"相对于其他形式，游戏的确是元宇宙概念最好的诠释和场景。"

华安证券认为，游戏作为最具"沉浸感"的娱乐形式，从产品形态来看，与元宇宙的各项特征最为接近，可被看作元宇宙的雏形。因此，可以通过游戏产品的形态迭代，持续跟进元宇宙的演进趋势及落地进程。一方面，游戏是元宇宙产品形态的"试验田"；另一方面，游戏也是 VR/AR 等终端硬件设备的主要下游应用场景。此外，从受益主体来看，游戏作为元宇宙入口，也是目前上游硬件设备的主要应用场景，有望成为元宇宙核心受益标的[1]。

Star Atlas（见图 3-52）作为虚拟游戏元宇宙，目前主要发行两类数字藏品（游戏资产及收藏品）。游戏玩家作为 Star Atlas 某

图 3-52　Star Atlas

[1] 李婷，石丹. 中青宝"酿酒"元宇宙游戏还青涩[J]. 商学院，2021（12）：62-64.

一派别的公民，将参与资源的争夺，凭借自己的贡献获得相应奖励，并且可以将游戏中的虚拟收入提取到现实生活中，来实现经济利益。Axie Infinity（见图 3-53）是一款 NFT 驱动游戏，玩家在游戏中可以赚取 SLP 能力，其中的游戏币可以兑换现实货币，添加了真实的货币交易系统。

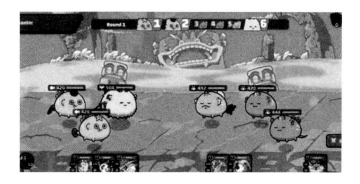

图 3-53　Axie Infinity

第十九节 元宇宙与运营商

在互联网头部企业纷纷布局元宇宙相关产业之时，国内三大运营商也开始入局。为了更好地实现元宇宙产业健康快速发展，由物链芯工程技术研究院（TCC）、央链全球（YAB）、元宇宙实验室联合火大教育等多家企业、科研院校、行业专家，共同组建"元宇宙共识圈"，并在中国移动通信联合会下发起成立中国移动通信联合会元宇宙产业委员会，助推元宇宙产业发展。2021年11月11日，中国移动通信联合会元宇宙产业委员会举办揭牌仪式，宣告国内首家元宇宙行业协会正式成立，成员包括中国移动、中国联通、中国电信等。

一、中国移动咪咕：通向元宇宙路线图

中国移动于2021年11月2日在"2021中国移动全球合作伙伴大会"上，通过其子公司咪咕文化科技有限公司（以下简称"咪咕"）发布了元宇宙的MIGU演进路线图和不同阶段的发展方向（见图3-54）。咪咕将推动现代生活社交方式AR化，逐步实现"AR眼镜随时随地"的生活化体验，这将成为探索元宇宙的重要入口。

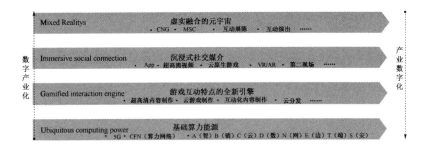

图 3-54 中国移动：元宇宙的 MIGU 演进路线图

中国移动的元宇宙战略可以从内部布局与外部布局两个维度进行分析。在内部布局上，一方面，中国移动以算力网络为根基，用云计算、通信网络等底层技术和基础设施保障元宇宙虚拟世界的运行，依靠运营商的技术与管道优势，夯实在元宇宙中的基础地位。另一方面，依托咪咕前期在视频、音乐等方向上的内容与用户积累，探索视频、游戏等特定方向的元宇宙应用。咪咕提出聚焦超高清视频、视频彩铃、云游戏、云 VR、云 AR 五大方向，深耕"5G+MSC""5G+视频彩铃""5G+云游戏""5G+XR"四大领域。

在外部布局上，中国移动在渠道、硬件两个方面发力，协同合作伙伴探索多元化发展方向。渠道方面，中国移动作为运营商在视频、音乐版权上有独特优势，咪咕具备一定的内容积累，但相较于主流互联网公司，其缺点在于渠道与运营能力较弱。因此，借助小米游戏等合作伙伴的渠道分发能力，可以触达更多用户。硬件方面，AR/VR 等硬件设备作为元宇宙中至关重要的部分，直接决定了用户体验和行业潜力。中国移动通过与平治信息、达闼机器人在 VR 和机器人等关键设备领域达成合作，广泛布局硬件生态，配合自有内容资源，提升应用价值[1]。

咪咕的布局核心要点在于 5G 及云计算等，这些技术都离不开低延迟的支撑，而中国移动一直以来都在布局和构建 5G、算力网络等基础设施，咪咕借助母公司中国移动的优势打开元宇宙的大门。以算力网络为能源，以游戏化引擎为驱动，通过沉浸式媒介打造虚实融合的元宇宙叙事逻辑。

二、中国联通：铺就虚实相通新基地

中国联通也积极布局元宇宙，其核心理念认为，要推动 VR/AR 产业加速前行，必须打牢数字底座基础，而后可以借此技术优势突破人机交互、万物智联的诸多瓶颈。为此，中国联通打造虚拟现实创新中心（即中国联通虚拟现实 VR/AR 基地，见图 3-55），力争建设成为国内一流的"产学研用"一体化 VR/AR

图 3-55　中国联通虚拟现实 VR/AR 基地

---

[1] 曹善文，李创硕，李雨涵，等. 元宇宙生态下运营商机遇及布局策略分析[J]. 通信世界，2022（02）：32-34.

基地。虚拟现实基地包含"三中心"和"四平台"。其中，"三中心"为 5G 云 VR/AR 中心、VR/AR 展示体验中心和运营管理中心，"四平台"为 VR 制作和版权交易平台、VR 生态聚集平台、VR 行业应用推广平台及 VR 内容管理和分发平台。

2021 年 12 月 16 日，中国联通元宇宙 App 官方版（见图 3-56）正式上线。该平台由中国联通打造，是一个全新的虚拟通信平台。根据官网的介绍，该平台希望打造元宇宙内容生产厂牌、推动 VR 产业加速前行、打牢数字底座基础；打造 5G 精品网、千兆宽带网及一体化算网服务体系，为 VR 产业铺就虚实相通的新道路，推动"5G+MR"融合应用。具体的功能及服务有联通沃音乐推出的云创数字人创作系统，目前主要应用于制作虚拟世界内容、打造虚拟 IP，以及呈现虚拟智能助手等业务领域。联通沃音乐未来将继续致力于涵盖直播、内容生产、线上线下等领域的多形式创新与布局。

图 3-56　中国联通元宇宙 App 官方版

在虚拟人市场步入上升期的当下，联通沃音乐也发现了这一市场中蕴藏的庞大机遇，研发云创数字人创作系统，推出新一代超写实数字人——安未希（见图 3-57），成为首个推出超写实数字人的运营商。超写实数字人安未希由中国联通 5G·AI 未来影像创作中心出品，通过自有的云创数字人创作系统，融合世界顶尖的 AI 表演动画技术、实时动捕技术、AI 数字人智能技术，能够实现直播、演绎等多样化内容展示。安未希可以独立进行作词、作曲等各项文艺内容创作，具有一定的推理和情感交互能力。

图 3-57　安未希

三、中国电信：力争成为虚拟世界基础设施建设的国家队和主力军

中国电信在 2021 年"5G 创新应用合作论坛"上提出，未来将积极布局元宇宙。中国电信立足 5G 创新应用成果，战略布局元宇宙，创新 XR 内容的生态合作，丰富元宇宙的产品矩阵，全面卡位元宇宙"赛道"，加速与 5G 创新应用的融合发展。

新国脉数字文化股份有限公司（以下简称"新国脉"）建设元宇宙新型基础设施，打造融媒体新业态。中国电信旗下上市公司新国脉以元宇宙新型基础设施建设者为定位，启动 2022 年"盘古计划"。在 2021 年 11 月举办的中国电信 5G 创新应用合作论坛上，新国脉表示，致力于成为打造元宇宙平台及算力的建设整合者、元宇宙软件及应用的服务集成者、元宇宙社会生态及内容建设的协同创新者。

新国脉依托 5G 云网和算力构建可承载元宇宙的新型信息基础设施，应用场景包括商业综合体、文旅景区、产业园区、文博展馆、交通枢纽、大专院校、医疗机构等。底层链平台 CT Chain 具备共识机制、分区共识、数据维护、多级认证、多级加密、隐私计算等特点。元宇宙"算力网络"满足超高频交互、计算/连接需求，助力元宇宙发展。同时，打造虚实共生空间互联网信息消费平台——天翼云图（EcoVerse），提供沉浸式消费体验。其云网应用包含 AR 寻车导购、VR 云 mall、AR 互动营销（见图 3-58）、MR 数字人（见图 3-59）、MR 多人游戏。

图 3-58　AR 互动营销　　　　　图 3-59　MR 数字人

未来，中国电信将分为两个阶段实现发展目标。第一个阶段，在以现实世界为基础、一系列大大小小的虚拟世界相结合的过程中，提供平台和云网基础能力，服务好各类虚拟世界业态。在多年发展后的第二个阶段，将逐步形成超级虚拟世界。新国脉依靠国有身份和业务技术基础，力争成为虚拟世界基础设施建设的国家队和主力军。

第二十节　元宇宙对传媒产业的影响

元宇宙正在经历着创新扩散的过程。元宇宙的本质属性之一是一种综合感知媒介，媒介的创新将深远地影响整个媒介生态，媒介生态中每一位参与者都会切身体会媒介创新所带来的变化。作为一种综合感知媒介，元宇宙的推广依赖于大众对其特征层面的创新感知，如相对优越性、兼容性、复杂程度、可试性、可观察性等。基于感知层面的迭代，新闻采编发、广电行业、社交平台、数字文娱等将在元宇宙创新扩散中迎来新机遇[1]。

1. 元宇宙重构传媒行业时空观

传媒行业注重时空概念，因为社会事实的根本属性在于其时空范围，脱离了特定时空范围的社会事实将失去其社会意义。而进入元宇宙阶段，其时空概念相较于以往发生根本性改变，元宇宙中的时空场景是可复制与可延伸的。一方面是空间的无限延伸与瞬时复制，另一方面是时间的方向将可以正反双向，因此，时空将失去其唯一性与不可更改性。传媒行业将不仅关注社会事实的时空属性，而且关注多维时空中参与主体的关系。

---

[1] 闫佳琦，陈瑞清，陈辉，等. 元宇宙产业发展及其对传媒行业影响分析[J]. 新闻与写作，2022（01）：68-78.

2. 传统采编发能力有望迎来新升级

基于创新扩散的兼容性特征，元宇宙在创建初期需要复刻大量现实世界的场景与环境使用户快速适应，元宇宙将有可能实现对现实世界的数字孪生。

新闻采集方面，元宇宙的信息采集技术与新闻采集行业的交融可以说是珠联璧合。传统的信息采集对于真实性有着不设上限的要求，而元宇宙的信息采集技术相对于传统的信息采集技术的优越性之一就在于其更强大的 AI 仿真能力。AI 仿真信息采集技术将大大提高新闻的真实性。一方面，将音视频扩展到全景场景；另一方面，触觉、嗅觉等更高维的采集手段进一步强化新闻的感知层次。

新闻编辑方面，新闻采集内容维度的提升将推动新闻编辑技术的更新换代。元宇宙技术对于新闻编辑的赋能在于更强的 AI 辅助能力与多维时空信息编辑能力。AI 相对于人工具有低成本的重复操作能力，当前新闻编辑大多参照制定好的规则，而 AI 可以打破规则限制，快速、高效地生成多组编辑效果，将现实世界的信息复刻至元宇宙，从而实现虚拟信息与真实信息的共现。结合 AI 辅助能力与时空性编辑能力，新闻编辑从业人员未来也可能在元宇宙中进行实验，选择相应的编辑效果，以实现高维度千人千面的个性化传播效果。

新闻宣发方面，一是元宇宙的基础设施保证高速移动网络的低延迟，或将实现从新闻发生地到新闻接收地"端到端"的传输实时性。二是元宇宙技术赋能的新闻放送将发挥元宇宙综合感知媒介的优势，由数字记者更大程度地还原新闻现场，如新华社数字记者、全球首位数字航天员"小诤"（见图 3-60）等。三是当

225

更多人更广泛地拥有数字分身后，数字分身可以齐聚新闻现场，形成新的线上分身集群围观，众多数字分身可以一同全方位、无死角地观察和讨论新闻现场。

图 3-60　新华社数字记者、全球首位数字航天员"小诤"

3. 广电行业占据内容技术先发优势

广电行业相对成熟的内容制作体系和设备技术基础，与支撑元宇宙发展的新技术具有更强的兼容性。在元宇宙中，广电行业能够呼应受众的形象思维，如丰富的影像语言、炫目的特效剪辑、靓丽的主播主持等。技术基础方面，广电行业的演播大厅、摄影设备等可以满足元宇宙发展的部分要求，具备优先打造元宇宙示范实验基地的基础条件。同时，虚拟主播在广电行业已经得到较为普遍的应用，如湖南卫视数字虚拟主持人"小漾"（见图 3-61）、北京广播电视台真人数字人"时间小妮"（见图 3-62）、东方卫视二次元虚拟主播"申雅"等，已完成在虚拟人应用方面的初步探索，有利于以此为导引，建设满足更多感官体验的元宇宙空间。

图 3-61　湖南卫视数字虚拟
主持人"小漾"

图 3-62　北京广播电视台真人
数字人"时间小妮"

　　元宇宙世界作为未来与现实生活息息相关、不可或缺的生态系统，广电行业可发挥"公共承运人"的作用，把元宇宙看作公用事业进行协同发展，通过共同成立元宇宙发展联盟、行业监管委员会等举措，制定一套具有约束力、可广泛贯彻实施的合作协议。要想实现元宇宙生态系统的信息跨平台流动，并保障数字资产安全，广电行业可牵头制定开放性的元宇宙产业发展标准，以元宇宙平台生态圈为基础，重新对元宇宙生态内的社会资源加以整合与配置，以实现元宇宙生态的资源共享、互相监督、共同治理，同时在多样性和竞争性共存的情景下促进传媒生态的发展革新。

4. 社交平台更需关注时空创意思维

　　在现有的社交平台体系下，头部账号用户较普通用户而言拥有相对优势，这种优势来源于现实世界的实际影响或线上的信息垄断。头部账号通过交换信息与扩散影响力，来交易普通用户的时间与注意力。同时，头部账号可以通过汇聚用户的注意力来换取其他线上资源，如商业广告代言与宣传等。在元宇宙的社交平台中，原有平台头部账号凭借粉丝基础仍具备一定话语权，但随着注意力资源按照全新的规则被重新配置，平台格局或将迎来重新洗牌。

元宇宙对头部账号的崛起提出了更高的要求，尤其需要新奇的时空创意思维，以及与之相关的优越的异空间构建能力。个体进入元宇宙的载体是个体的思维，因此，元宇宙中不同个体的差别性的价值脱胎于用户思维价值。在多维拓展的元宇宙里，新奇时空场景的塑造将成为平台与头部账号争夺注意力资源的角力场。而这正是 NFT 获得大量关注的原因，NFT 能够为用户思想创意与异空间构造能力的独创性保驾护航。

5. 数字文娱得益于感知双重属性驱动

移动互联网的飞速发展使传媒行业的内涵与业态得到极大扩展，如近年来以文创、影视、游戏等为代表的数字文娱产业。数字文娱产业中极具艺术性、体验性、技术性的数字资产，与元宇宙中时空拓展、感官延伸、数字标识等技术特性的契合度颇高，这也是数字文娱产业得以领跑元宇宙市场的重要原因。同时，数字文娱产业对于 IP 建立与塑造积累甚多，在用户群体和粉丝基础方面具有优势条件，因此，数字文娱产业可以快人一步掌握虚拟人 IP 生成的核心路径，在技术、内容等元宇宙核心资产上具备得天独厚的优势。

第二十一节　元宇宙与监管：预研预应 防微杜渐

元宇宙发展面临的安全威胁主要有 3 个方面：时空拓展安全问题、人机融生安全问题及经济增值安全问题。时空拓展安全问题主要是因为元宇宙以外部数字设备（如 VR 头显、AR 眼镜等）为中心，如果不加以保护，很容易成为黑客攻击的目标。人机融生安全问题是指元宇宙需要对用户的身份、环境、行为、相关财产等信息进行深度挖掘及实时同步，而虚拟人存在被劫持、数据存在被盗用或深度伪造的风险。经济增值安全问题主要是指区块链上的货币在侧链、联盟链等环节易出现安全隐患，特别是智能合约里向其他区块汇款时存在安全隐患。

目前，Meta 解决元宇宙安全隐患的措施主要有以下 3 种。一是 AI 筛查。Meta 不断完善和更新人工智能系统，以最快速度识别和处理元宇宙平台中不同类型的违规内容和行为。二是设置"安全区"保护工具。一名女测试员在 Meta Horizon Worlds 中被骚扰后，测试人员设置了一个"安全区"（一个保护气泡，见图 3-63）。用户在感到威胁时可以激活"安全区"，一旦激活，用户将不能与他人交互。三是与政府、非营利组织和文化机构等合作。Meta 将与 EverFi 合作开发和实施"Get Digital XR"项目，这是一项面向 13 岁及以上学生的元宇宙数字素养计划。Meta 还与香港大学和国立首尔大学合作，共同完成安全、道德及相关设计的研究。

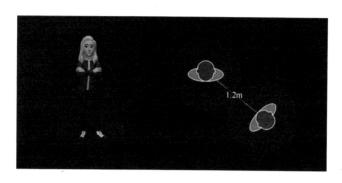

图 3-63 Meta Horizon Worlds 保护气泡

目前的这些措施主要为被动防御，未来应对安全威胁的解决方案应更加主动，从内容监管转为行为监管。具体来说，一是可以同时屏蔽同一账号的多个化身，被举报账号的多个虚拟化身应在不同平台上同时被屏蔽；二是利用人工智能进行监测，利用 AI 技术监控语音、文本中的关键字或扫描异常活动信号；三是建立针对创作者和开发者的审核标准，对元宇宙平台上的创作者和开发者启用类似于 Apple App Store 要求的审查程序。

第二十二节 元宇宙产业链大数据

目前,虽然元宇宙建设仅仅是初现雏形,随着大数据的增长、人工智能的高度涌现、区块链的发展,科技领域也迎来了指数级增长。清元宇宙指数小程序(见图3-64)涵盖企业、产品、设备、IP(虚拟数字人)、媒体五大维度相关数据,小程序首页提供了近期的"元·趋势"(二级市场趋势)、"元·资讯"、IP及设备信息。"元·趋势"是指文化传媒、游戏、互联网服务、光学光电子、软件开发、消费电子等多个领域元宇宙相关概念股每日股价的平均值走势,包含美盛文化、智度股份、汤姆猫、凯撒文化、新开普、

图 3-64 清元宇宙指数小程序

数码视讯、太龙股份、水晶光电等 117 只概念股，查看周期可从近 1 个月到近 1 年。"元·资讯"列举了 3 条最新的热点新闻。IP 主要列举目前热度排名前 3，排名通过 IP 热度指数分析后得出。IP 热度指数是指该 IP 在清博舆情系统中的信息总量。与 IP 类似，设备也列举了热销排名前 3。

企业维度包含体验、发现、创作者经济、空间计算、去中心化、人机交互、基础设施等维度和标签。企业详情页涵盖法人代表、注册资本、成立时间、企业简介、详细地址、企业类型和官方网站等信息。例如，通过详情可以直观看到北京字节跳动科技有限公司法人是张利东，注册资本为 20000 万元，成立时间为 2012 年 3 月 9 日，以及其他相关具体信息。

产品维度（见图 3-65）包括企业、国家、产品类别等信息。产品页面根据热度指数由高到低进行陈列，可通过产品类别、所属国家进行筛选。例如，原神以 28.9W 的热度指数排名第一，遥遥领先于第二名，迷你世界和 Soul 分别以 5.2W 和 3.4W 的热度指数排名第二、第三。在产品维度还可通过透视数据查看产品的类别分布，目前的产品主要分布在娱乐、平台、教育、游戏、社交 5 个类别。设备维度（见图 3-66）包括产品、类别、产地、兼容平台、芯片、企业、价格等信息。IP 维度（见图 3-67）包括所属企业、出道日期、出生地、所属类型、经历、热度、活跃平台等信息，同样根据热度指数由高到低进行排序，同时还能看到 IP 的粉丝数、"转赞评"数。在透视数据中包含了 IP 全国分布图、领域热度及活跃平台分布情况，其中虚拟偶像领域热度最高。媒体维度（见图 3-68）包括热门话题、热门文章、舆情演变等信息。文章的情感属性包含正面、中性、负面 3 个方面，在每篇文章前我们都能看到其情感属性，也可以筛选只看某一类型的信息。

图 3-65 产品维度

图 3-66 设备维度

图 3-67 IP 维度

图 3-68 媒体维度

　　通过清元宇宙指数小程序内部的数据透视可以查看产业聚集、产品兼容、IP 营销、股市走向、态度倾向、产业风险、设备更选等信息。

第 4 章
风险点及治理

第一节　经济风险

元宇宙中的货币体系、经济体系在一定程度上可以通过虚拟货币实现与现实经济的联动，需要警惕元宇宙经济失衡。

一方面是投资回报风险，元宇宙目前处于高成本、低收益阶段，投资与收益不匹配。由于元宇宙相关技术仍待发展，元宇宙要实现产业化落地和商业化盈利还需要很长时间。以虚拟数字人技术为例，英伟达展示的 15 秒"数字黄仁勋"由近 50 名开发人员进行了 21 次迭代才完成，直接收益远不及开发成本。同时 VR 内容的实现需要高生产成本，但设备总 DAU（日活跃用户数量）却难以达到手机设备的量级。

另一方面是经济秩序风险，元宇宙经济系统可能会出现经济秩序不稳定及金融风险等问题。经济体系、货币体系与现实经济联动，当元宇宙中的虚拟货币相对于现实货币出现巨幅价值波动时，经济风险会从虚拟世界传导至现实世界。其内在天然属性导致交易快捷、匿名性、国际化，外在客观生存空间导致存在买卖双方信用风险及隐蔽操纵风险。

第二节　产业风险

元宇宙是游戏及社交内卷化竞争下的概念产出。除了人才和用户资源抢夺及监管压力加码，游戏、社交等行业的产品模式也逐渐进入瓶颈期，相关互联网头部企业进入存量互割与零和博弈阶段。内卷态势下，亟须一个新概念重新点燃资本和用户的想象空间。虽然在新概念加持下阶段性地实现了资本配置的帕累托改进，但概念上的突破并未从本质上改变产业内卷的现状。

1. 市场格局固化，易滋生行业垄断

（1）现阶段市场格局固化。当前中国互联网领域已形成固化格局，在元宇宙时代容易发生垄断固化，进而出现由垄断导致的低质量陷阱蔓延虚拟世界和现实世界。例如，平台与平台之间的恶性竞争；虚拟平台竞争导致实体产业举步维艰，并且可能存在渠道垄断、流量垄断、价格垄断等情况。

（2）平台经济易垄断。元宇宙世界和现实世界一样，需要完整的货币系统、经济秩序、社会规则、管理制度、文化体系甚至法律约束，其涉及的约束边界都需要中心化组织的参与和监管，元宇宙的公共性和社会性使完全去中心化在一定程度上成为一个伪命题。传统的垄断方式（如高市场集中度、杀手型并购、大数据杀熟、自我优待等）也可能在元宇宙中相应诞生。2021 年

2 月，国务院反垄断委员会发布《国务院反垄断委员会关于平台经济领域的反垄断指南》，平台经济领域反垄断监管受到了更高的重视。

2. 核心技术缺失，发展路径背离社会需求

一方面，产业链尚不完备。产业链的完备情况是判断产业布局结构合理与否的标准之一，产业链不完备易造成产业风险。浅层技术簇拥、深层核心技术挖掘程度不够等现象会形成产业泡沫。抵御产业风险的关键在于形成健康的产业链、生态链、价值链，避免某个环节缺失，导致产生关键共性技术问题。

另一方面，产业亟须回归理性状态。企业扎堆涌入元宇宙领域，将自己包装成元宇宙企业，但元宇宙产业尚存诸多风险和不确定性因素，过度迎合概念热潮可能产生偏离原有技术发展路径的行为，对产业格局和企业自身发展均无益处。因此，产业和市场都亟须回归理性。

3. 产业目前处于亚健康状态

在资本吹捧下，非理性的舆论泡沫呼应着非理性的股市震荡，导致市场热度虚高，投资热情暴涨，变相阻碍了去泡沫化进程。元宇宙泡沫的产生部分源自科技头部企业和风险投资关注带来的概念股大涨。同时，元宇宙乱象迭生，如抢注元宇宙商标、非法集资、金融诈骗等，并催生传销陷阱和庞氏骗局等不良现象。

从产业发展现实来看，尽管在资本鼓吹下，股市随着非理性的舆论泡沫在高位震荡，但目前元宇宙产业距离全产业覆盖和生态完备仍有较远距离，现阶段仍处于理论建构和场景应用的奠基

阶段和"社交+游戏场景"应用的探索阶段。

元宇宙的概念建构主要集中在游戏领域和社交领域，生态产业链条还未成熟，场景入口需进一步拓宽，现实发展距离元宇宙的理想愿景仍存在较大差距，有待进一步"去泡沫化"。

第三节　企业风险

　　未来，元宇宙的应用与大众工作生活息息相关。元宇宙概念的提出和发展为人们提供了与环境和谐相处的技术视角，有助于进一步建设智慧城市，为社会治理提供高效方案。元宇宙的市场前景可期，但受算力、虚拟现实技术等发展所限，全感官维度、高配版的目标需 10 年左右才能实现。现阶段，元宇宙市场规模有限，发展仍存在不确定性，难以见到丰富的衍生应用场景。

　　一是政策的不确定性。目前，元宇宙仍处于探索阶段，暂无针对性的法律法规和行业政策对其进行规范，监管政策的变化对于行业发展的影响存在不确定性。有专家表示，在当前金融严监管、整肃流量经济的大环境下，官方并没有论证清晰元宇宙将为社会经济和治理带来怎样的影响之前，政策风险始终会是悬于相关领域创业、创新企业头顶的"达摩克利斯之剑"。

　　二是商业变现模式的不确定性。企业在元宇宙领域的经营模式和落地产品尚处于探索阶段。在人类探索元宇宙的过程中，需要付出巨大的人力、财力及时间成本，这并非一般企业可以承受的，所以对大部分研发元宇宙业务的企业来说，可能没有足够的实力来应对未来的研发考验[1]。

---

　　[1] 郭施亮. 元宇宙的投资机遇与风险[J]. 理财，2021（12）：24-25.

第四节 技术风险

技术突破是元宇宙亟待解决的问题。只有技术实现重大突破后，围绕元宇宙模式的设定和应用探讨才能进一步实现。理想状态下的元宇宙，具有持续在线的大规模用户，以及高沉浸感、高效内容生产和去中心化信息存储认证等特点，需要多种技术作为支撑，包括网络及运算技术、仿真交互技术、人工智能技术、物联网和区块链技术等，只有这些技术大幅度突破，才能引爆元宇宙的全面发展。元宇宙涉及解决多人互动的诉求，目前技术尚未成熟，难以达到元宇宙实现的理想高度[1]。

在使用体验上（见图4-1），一是视觉辐凑调节冲突会带来一定的眩晕感；二是用户负重佩戴，设备便携性明显弱于手机；三是由于用户视觉参与度高，使得多任务管理受限；四是设备操作不方便，局限在一定区域内，体验较差。在产品迭代上，存在急需升级的硬件与难以快速迭代的软件之间的矛盾。硬件方面，XR设备的更新涉及算力、视场角、分辨率、刷新频率、控制方式、输入/输出方式等多个维度。软件方面，为适应硬件更新，需耗费大量的时间重新设计和适配。在内容生产上，现象级内容不丰富，国外多聚焦于游戏、暴力、情色。

---

[1] 户磊. 元宇宙发展研究[J]. 电子产品可靠性与环境试验, 2021, 39(06): 103-106.

图 4-1　XR 设备体验

　　技术发展方面，元宇宙仍然充满不确定性，也缺乏实际的产品支持。区块链、5G 通信、人工智能、3D 引擎、VR/AR/MR、脑机接口等底层支撑技术虽已取得巨大进步，但距离元宇宙概念落地仍有较大差距。试图把现有网络、硬件终端和用户囊括这一数字虚拟系统，并建立完整的元宇宙生态系统，并非朝夕之功，需要大量基础研究和应用场景作支撑[1]。而交互技术为元宇宙用户提供沉浸式虚拟现实体验，解决用户沉浸感的问题。其中，VR 技术旨在打造与物理世界平行的沉浸式虚拟世界，使用户在虚拟世界获得更真实的体验，但是 VR 电池续航仍停留在 3 小时以内，严重限制了体验的持续性。从硬件来看，元宇宙应用落地建立在高速网络通信的基础上。网络及高算力技术为元宇宙高速网络通信提供基础支撑，为元宇宙用户提供实时、流畅的沉浸式体验，

---

　　[1] 王保魁，刘海陆."元宇宙"来了，勿忘风险与挑战[N]. 解放军报，2021-12-17（011）.

解决随时随地不受限与低延迟问题，保证高速、低延时、高算力和高 AI 的应用场景接入。元宇宙对算力的要求是近乎无穷的，同时在线人数受算力、带宽限制，且模型精细度越高，人数上限越低。只有突破网络和高算力技术，才能进行更广泛的场景应用，并支撑大规模用户持续在线和创作。从体验来看，目前主要是视觉体验，其他感官的体验仍有不足，具身交互多感官体验尚存诸多技术难点。从内容来看，AR 技术尚未出现成熟的消费级产品，与消费者的需求仍存在一定差距。

因此，推进基础数字技术研究是现阶段元宇宙的重要发展方向。当下，元宇宙相关技术发展不均衡，发展较落后的技术制约着元宇宙整体应用水平，需要不断增强技术创新能力，提高技术成熟度，克服木桶原理，切实推动元宇宙产业发展。

第五节　群体认知风险

在元宇宙状态下，个体在交互初期可能会产生"恐怖谷"效应和"被注视"不适感的心理风险，从而影响群体认知。

1. "恐怖谷"效应

元宇宙社会的存在体包括人型机器人、虚拟数字人等。工业机器人可以沿着动态路径和静态路径发展。

其一是动态路径，随着工业机器人动态发展成低仿真的人型机器人，人类对机器人的好感度也呈正比上升。也就是说，机器人的逼真度为0～50%，或者机器人是比照人类复制粘贴的，与人类最多只有50%的相似性，此时人们对机器人的好感度会越来越高。随着技术的不断更迭，人型机器人继续发展，出现了IP衍生型的虚拟数字人（如洛天依、初音未来、柳夜熙），他们的逼真度达到60%，利用VR技术和全息技术将虚拟形象呈现在人们眼前，使虚拟形象拥有人类的特征，并投射在现实生活中。人类对以洛天依为代表的虚拟机器人表达了无尽喜爱，此时人类对机器人的好感度也达到峰值。而当机器人的逼真度超过60%，高仿人机器人外观靠近"恐怖谷"临界，机器人越来越像真实的生命个体，人类对机器人的好感度便会呈断崖式下降，此时个体会产生"恐怖谷"效应，即当高仿人机器人和非人类物体非常相似，但不完全相似的时候，一些人会对其产生反感厌恶的情绪。最后，随着虚拟数字人的发展至逼真度100%，即完全复刻成数字替身型的虚拟数字人（如元宇宙中的数字替身），人类对机器人的好感度会陡然上升，此时，自然人具有双重身份，也就是自然人本身存在的生命个体和作为自然人替身的虚拟数字人的生命个体。

其二是静态路径，静态路径与动态路径的发展并无二致，与动态路径的发展轨迹几乎一样，但是就自然人对机器人的好感度而言，静态路径式微于动态路径，所带来的"恐怖谷"效应变动幅度也远远低于动态路径。"恐怖谷"理论示意见图4-2。

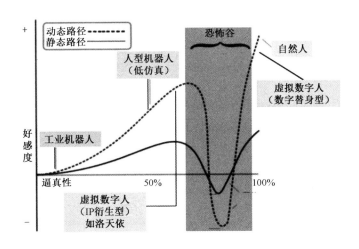

图4-2 "恐怖谷"理论示意

2."被注视"的不适感

根据库利的"镜中我"理论，人们对自我的认知来源于他人的反应，如果自然人过分沉溺于元宇宙，直接与机器人进行交流，而减少与现实世界的生命个体沟通，很可能会对自己产生错误的认知，干扰自然人在现实世界的正确定位，从而引发错误的社会行为。进一步看，在元宇宙中，面对机器人，自然人不管是将其看作身体的延伸，还是分离的个体，其内在和外在的"凝视"会让自然人的认知游离，从而延长自然人的决策反应时间。根据意大利理工学院的人形机器人 iCub 凝视实验（见图 4-3）的研究表明，具有社交性质的机器人并不总是对人类有益；相反，在对机器人的凝视之下，自然人的处理程序会从"自我导向"策略转化为"面向他人"的策略。简而言之，就是人形机器人的凝视会"劫持"人类大脑的"社会认知"机制，使人脑把人形机器人当作有意识的真人对待，但是这种人机"交流"并没有经过自然人独有的人脑意识处理，不仅会影响自然人的社会认知，还会延长自然人的决策反应时间。

图 4-3　人形机器人 iCub 凝视实验

第六节　个人风险

一、个体生理风险

　　与互联网空间相比，元宇宙拥有更高的沉浸性，即从局部沉浸、深度沉浸达到全身沉浸[1]。实验表明，小白鼠在显示着障碍墙图像的虚拟环境中，会把虚拟障碍当作真实障碍，像走真实迷宫一样来回寻找出路[2]。随着元宇宙的不断成熟，虚拟世界与现实世界不断融合，个体可能生活在一个持续幻觉的状态下，从而导致虚拟世界与现实世界的感知错乱，造成虚实调节之间的冲突。一是感官体验。现实世界中的感官体验是真实的感官体验，虚拟世界中的感官体验是模拟的感官体验，因而真实的感官体验与模拟的感官体验之间存在落差，自然人就会得所谓的"赛博病"，即身体所接收到的信号与预期不匹配，身体调节遇到冲突，会带来晕眩、身体疲劳、皮肤苍白、心率加快等不适感。二是交互状态。现实世界是自然、实时、姿势稳定的交互状态，而虚拟世界是一个模拟的虚拟交互，具有非自然性、滞后性及姿势的不稳定性，

---

[1] 李保艳，刘永谋. 元宇宙的本质、面临的风险与应对之策[J]. 科学·经济·社会，2022，40（01）：15-26.

[2] Morie J F. Ontological implications of being in immersive virtual environments[J]. Proc SPIE, 2008, 6804: 5-16.

现实世界与虚拟世界不同的交互状态会造成平衡障碍。例如，使用 VR 之后，部分人明显出现平衡障碍、手眼不协调和短时间内辨声障碍问题。三是在场的形式。现实世界是真实在场，而虚拟世界是虚拟在场，在场形式的不同会让自然人在元宇宙中视力受损和空间错位。虚实之间的冲突见图 4-4。

类别	现实世界	元宇宙
感官体验	真实感官体验	模拟感官体验
交互状态	自然 实时 姿势稳定	非自然 滞后性 姿势不稳定
在场形式	真实在场	虚拟在场

➤ 赛博病
　身体所接收到的信号与预期不匹配，身体调节遇到冲突，带来眩晕、身体疲劳、皮肤苍白、心率加快等不适感。

➤ 平衡障碍
　使用VR之后，部分人明显出现平衡障碍、手眼不协调和短时间内辨声障碍问题。

➤视力受损、空间错位

图 4-4　虚实之间的冲突

科幻电影《黑客帝国》对元宇宙的逼真性进行过极致想象：看似美好的元宇宙社会，实际却是给机器人供给能量的计算机程序"矩阵"（Matrix）；看似富足的白领生活，实际却是躺在营养池中驱动机器人的"人体电池"。在《异次元骇客》中，一位黑人警察也表达了"真假不分"之后的生活态度：我不管这个世界是真是假，只要你们不要骚扰我们的生活，破坏我们的秩序[1]。也就是说，元宇宙虽然是虚拟世界与现实世界的融合，其以高超的技术实现了现实世界向虚拟世界的转化，但终归不是现实世界，仍需技术的不断发展才能真正与现实世界匹敌。

---

[1] 李保艳，刘永谋. 元宇宙的本质、面临的风险与应对之策[J]. 科学·经济·社会，2022，40（01）：15-26.

二、个体心理风险

从用户层面而言，用户对于元宇宙这一概念及其相关产品通常怀有好奇心和新鲜感。但目前元宇宙的发展与监管体系仍未成型，且存在身份认同危机、认知后遗症、人格解体、游戏沉溺、共情反应、社交恐惧与新型孤独等风险。因此，在使用元宇宙相关产品时，用户仍需保持理性和冷静，在风险可控的前提下适当参与，感知新事物。

1. 身份认同危机

著名的韩裔德国哲学家韩炳哲在《倦怠社会》中曾言："一切免疫的反应都是面对他者的反应。"免疫学中的"他者"是具有否定性的，指侵入自我个体并试图否定个人。元宇宙中的"他者"是具有数字身份的个体。当具有数字身份的个体侵入自我个体，就容易产生身份认同危机。这里的身份认同危机分为两个方面：其一指外形，即人形机器人或虚拟数字人的存在可能会让有意识的个体怀疑现实世界肉体存在的合理性；其二指内在，个体在虚拟世界与现实世界的身份是双重的，因社会体系与规则的差异，产生的认知也不同，现实社会的身份在虚拟世界中可以被重新塑造，虚拟世界的身份在现实社会中也可以被改写，当二者产生冲突时，个体的身份认同危机也就显现出来。

2. 认知后遗症（虚拟与现实转换）

认知后遗症主要是自然人对于虚拟与现实的转换问题，包括身体反应和思维差异。身体反应方面，自然人在虚拟世界状态下和在现实世界状态下的身体反应是有差别的。例如，如果长时间沉迷二维的手机游戏，再看现实世界就会产生幻觉，大脑的中枢神经系统在长时间的画面刺激下需要时间才能适应，而在中枢神经系统恢复的区间内，个体的反应时间会变长，对事物的认知也会产生疲劳。思维差异方面，虚拟世界中的场景和认知是基于现实世界已有的经验搭建起来的，事物与事物之间的物理联系、人与人之间的社会联系并非简单的关系重构就能展现，个体在虚拟世界的简单模式下进行思考，回归到现实世界就会产生注意力下降和思维表象化现象。此外，元宇宙的高沉浸性会导致个体真实与虚拟的认知偏差，掩盖人类本身感官，消弭人类的生物主体性。

3. 人格解体

心理学家 Timothy Leary 认为，VR 就是毒品，和 LSD*的效果一样[1]。元宇宙不断发展所带来的高度沉浸性容易让人进入虚实不分的状态，真象与假象变得不再重要。马克思在精神交往理论中提到："人不仅通过思维，而且以全部感觉在对象世界中肯定自己"。简而言之，在元宇宙的世界中，自然人可以通过 VR 眼镜实现虚拟场景的可视化，Meta 发布的气动触觉手套可以弥补触觉的缺憾。除此之外，嗅觉、味觉等感觉器官都可以在元宇宙中实现，以感觉作为媒介的交往方式在元宇宙中得以更好地体现，让精神存在形式在元宇宙中得以实现，但主体身份的在场却需要自我认同。虚拟交往中个体的身份重构，由此引发的自我认同危机

---

[1] 刘大椿，刘永谋. 技术现代性与文化现代性的困惑——以虚拟现实及其沉浸性为例[J]. 江苏社会科学，2003（03）：20-25.

* 麦角酸二乙胺，又名麦角二乙酰胺、麦角乙二胺，是一种强烈的半人工致幻剂。

导致人们与自我的疏离[1]。长期的虚拟体验使人们对自己的想法、感觉或行为产生超脱感或不真实感，引发身份认同危机，并且在现实中形成幻觉，丧失个体能动性。

4. 游戏沉溺

元宇宙因具身交互、沉浸体验及其对现实的补偿效应而具备天然的成瘾性[2]，个体的存在由数字身份代替，现实社会中的人情关系及性格习惯可能被改写，个体在元宇宙中塑造自己偏好的人设，在长期的高沉浸式体验中，现实世界真实的自我逐渐走向封闭，取而代之的是元宇宙中虚拟的人格。长此以往，真实个体的性格乃至心灵都会扭曲，沉溺于按照自己喜好设置的虚拟世界。当个体感到快乐时，身体会分泌多巴胺，在身份归属、个人能力方面都能给予个体极大的满足感。当个体通过虚拟世界已经获得了足够的满足感，便会逐渐迷失自我，并沉溺其中无法面对真实世界，甚至心灵扭曲干扰社会秩序。

5. 共情反应

在元宇宙的状态下，人类的中枢神经器官受到技术的刺激，全身沉浸地享受虚拟世界所带来的"非物"体验，有些体验在现实生活中能够真切感受，有些体验则只有在元宇宙中才能感受。例如，《头号玩家》中，主角韦德·伍兹进入的游戏世界"绿洲"有着与现实世界截然不同的景象，不同次元的影视游戏中的经典

---

[1] 胡振宇，尚小成. 人际交往的在场与疏离——基于对"元宇宙"概念的反思[J]. 中国传媒科技，2022，（01）：24-27.

[2] 匿名. 元宇宙的十大风险[J]. 理财，2021，（12）：26-27.

角色在"绿洲"齐聚，这些经历在现实世界中不可能体验，"绿洲"里的超级英雄在现实世界中可能终其一生碌碌无为。而当元宇宙中的英雄情怀带入现实社会，因虚拟世界与现实世界存在差异，人类不可避免地感到沮丧。此外，元宇宙可以借助 3D 等技术搭建场景，依靠 VR 技术身临其境地感受自己未曾经历过的体验，感同身受就更加明显，不管是英雄主义还是悲痛文学，虚拟世界的体验会影响现实世界的体验。简而言之，个体在虚拟体验结束后通过移情效应作用于现实生活，形成不健康的共情反应，从而陷入痛苦和倦怠。

6. 社交恐惧与新型孤独

1980 年，日本传播学者野牧提出"容器人"的概念，即在电视等大众媒介环境中成长起来的现代人，他们的内心就像一个封闭的容器，每次社交都只是容器外壁的碰撞，没有内心世界的交流。美国麻省理工学院社会学教授雪莉·特克尔在《群体性孤独》中也详细阐述了虚拟世界中人与机器的互动，人们可以在虚拟世界中与其他人形成亲密关系，但也会产生一种新型孤独，那就是在现实生活中人与人之间的关系逐渐疏远，在面对面的交谈中，也会习惯性地陷入沉默。

互联网时代尚且如此，进入元宇宙时代以后，这种情况能够缓解的程度也相对较小。元宇宙并非构建的单一虚拟世界，而是虚拟世界与现实世界的结合。因而当个体进入元宇宙以后，现实世界的空缺会得以弥补，个体会在元宇宙中找到自己的兴趣所在。元宇宙中的社交是一种迎合式社交，因趣缘而连接起来的生命个体不会有现实世界的摩擦。社交的真正意义在于社会协作和情感搭建，没有意外事件的虚拟场景忽略了现实世界中的社会协作，没有摩擦的趣缘也无法搭建真正的情感联结。个体在元宇宙中沉溺，在元宇宙中得到满足，但现实世界和虚拟世界是有差别的，元宇宙中的交流不能代替真实的社交，一旦元宇宙中的社交策略在现实世界中发挥不了作用，个体就会陷入社交恐惧，从而产生元宇宙式的孤独。例如，《黑客帝国》系列探讨的一个重要话题就是虚拟世界与真实世界的定位与相处问题。此外，著名心理学家弗洛伊德认为，体验真实复杂的深度关系是完成自我人格塑造的必经阶段。元宇宙式的社交模式无法代替独立思考，更不能建立真实复杂的深度关系。一旦依赖线上沟通来维护原有的关系，即便关系再深厚，也很快会被弱化成仅仅保持联系而已。

第七节　治理措施

面对元宇宙产生的个人、产业、技术等风险，政府和市场应共同合力，积极发挥作用，坚持以法治为基础，引导多方共治监管体系，健全和完善元宇宙法治体系，打造"政产学研用"联动的创新监管体系。

一、政府引导下的多方共治监管体系

元宇宙的发展不仅需要市场的推动，而且需要政府的支持，市场与政府相互合作才能规避元宇宙带来的风险，促进其良性发展。政府应该充分发挥引导作用，积极支持核心技术开发，精准研判各类风险，与此同时，市场应该充分发挥驱动作用，兼容并包，构建高效协同的责任机制和规范体制。

1. 政府引导

政府对元宇宙的引导工作体现在 3 个方面。

一是社会环境。要想积极发挥元宇宙产业优势，就必须持包容审慎的态度，实行放管结合、有张有弛的策略，优化市场营商环境，为元宇宙提供充分市场空间的同时适配一定的宏观调控，打造区域应用示范及元宇宙产业链，创造良好的环境，让元宇宙产业在政府的支持下、在社会的沃土中茁壮成长。

二是技术。支撑元宇宙不断发展的基点在于技术，政府应积极布局元宇宙新基建，加大基础设施层面的建设力度，拨专款支持核心技术的研发，让元宇宙的发展以政府为主导，采用非完全去中心化的方式使其自主可控。

三是治理。虽然市场在资源配置中起着决定性的作用，但是依靠市场的资源调节也有诸多缺陷，如周期性的经济危机，因而政府的治理也是重要一环。政府须提升风险研判能力，增强问题洞察能力，采取精准化、精确化、精细化治理的措施；还须观察、分析、鉴别、选择与元宇宙相关的判断和决策。

2. 市场驱动

市场对元宇宙的驱动作用主要体现在需求、市场导向及规则构建 3 个方面。

一是需求。市场调节应以需求为导向，优化资源配置，产学研协同创新。在元宇宙的背景下，传统的产业驱动要素、产业链构建方式、产业规模天花板、产业竞争环境、行业细分方式、行业生命周期等都将发生巨大变化，在现实空间及各个元宇宙空间会形成不同的产业发展逻辑、价值识别交换逻辑和资源配置逻辑[1]。因此，市场要根据元宇宙的周期规律，制定合理的发展规划，调节资源配置，让企业、高校、科研三者高效协同创新。

---

[1] 陈鹏. 元宇宙：资源配置、产业建构与媒介变迁[J]. 现代视听，2021，(11)：87.

二是市场导向。产品应用、场景入口层面要兼容并包、百花齐放。元宇宙的发展并非一家独大，而是各个行业共同作用的结果，不管是平台、技术，还是设备、算力，都是重要因素。此外，元宇宙涉及经济、社会、政治等各个方面，都需要合理调节。

三是规则构建。规则构建包括主体责任机制和技术约束规范构建、行业自律公约和生态标准构建，以及社会/用户监督和反馈渠道构建。企业需要明确责任分工，强化责任落实，层层分解以确保元宇宙布局有序进行；还需加强技术更新，建立技术约束机制，警惕"算法黑箱"等有失公正的事情发生。行业应加强自律，构建良好的发展生态，为元宇宙的发展营造良好的行业氛围。此外，应该搭建用户反馈渠道，构建用户监督体系，充分融入用户的想法与建议。

二、多层次风险评估指标体系

元宇宙的风险评估应从微观、中观、宏观 3 个方面来看。微观是从企业角度，面向元宇宙企业的风险评估，元宇宙企业的市场风险、经营风险、投资风险、人事风险、体制风险、政策风险等都直接影响元宇宙的发展。中观是指面向产品的风险评估，元宇宙产品的用户增长、用户体验、功能迭代、技术支撑、约束机制、竞争态势等都是评估的因素。宏观指向元宇宙产业，是面向产业的风险评估，产业生态系统的生产效率、组织结构、服务功能、稳健性、适应性、公平性等都推动或阻碍着元宇宙产业的形成与发展。

1. 面向元宇宙产业的多维风险评估

面向元宇宙产业的风险评估（见表 4-1）方面，自然生态系统健康度和产业生态系统健康度（8 项一级指标、21 项二级指标）共同影响了元宇宙产业生态系统。

表 4-1　元宇宙多维产业的风险评估

自然生态系统健康度影响因素	产业生态系统健康度影响因素	元宇宙产业生态系统特征及分析
活力	生产力	①市场规模小，只有少量领先型用户，难以产生大规模经济效益； ②相关新兴技术的基础研究投入多，但技术成果转化能力不高，即基础创新尚可，落地应用不够； ③产业成长能力较强，具有一定的发展潜力
恢复力	稳健性	①主导设计相互竞争，不确定性高； ②核心产品种类少、性能不稳定； ③缺乏统一的标准体系，潜在标准相互竞争； ④舆论泡沫仍然存在
组织结构	组织结构	①核心企业尚未明确； ②配套投入企业数量少，与核心企业处于搜寻、协调过程； ③中介组织数量少、水平较低
维持生态系统服务	服务功能	①技术、资金、创业等相关支撑要素短缺； ②政策缺位，监管体系不完善
管理的选择	监管度	①国内外暂无相关法律法规出台； ②国家对于虚拟财产的保护和监管早已开始
减少投入	发展性	①元宇宙对于电力能源的消耗需要更多可持续能源和储能基础设施支撑，给未来能源结构带来挑战； ②元宇宙产业发展需要考虑可持续发展性，资本盲目逐利非长久之计

元宇宙发展研究

续表

自然生态系统健康度影响因素	产业生态系统健康度影响因素	元宇宙产业生态系统特征及分析
对相邻系统的危害	适应性	①产品具有独特价值，但价格较高或产品适用性受限，若发展完善，对社会贡献程度较高；②对其他产业生态系统发展具有促进作用，但也可能对一些传统产业造成冲击；③元宇宙产业发展伴随着大规模数据中心和超算中心的建立，可能会带来能耗问题
人类健康影响	公平性	①公平性理念还需要加强，亟须打造公平的竞争环境；②元宇宙产业发展依赖于产业生态系统中各主体的相互配合与共同支撑，需要构建主体间合理的利益分配机制

　　自然生态系统健康度包括活力、恢复力、组织结构、维持生态系统服务、管理的选择、减少投入、对相邻系统的危害、人类健康影响 8 项指标，相对应的产业生态系统健康度包括生产力、稳健性、组织结构、服务功能、监管度、发展性、适应性、公平性 8 项指标。自然生态系统健康度的 8 项指标和产业生态系统健康度的 8 项指标对标元宇宙产业生态系统的 21 项特征及分析，具体关系如下。

　　自然生态系统健康度的活力和产业生态系统健康度的生产力影响了元宇宙产业的市场规模。目前，自然生态系统健康度的活力仍需增强，产业生态系统健康度的生产力也急需增进，导致元宇宙产业的市场规模小，只有少量领先型用户，难以产生大规模经济效益；而且各行业在相关新兴技术的基础研究方面投入较多，但是技术成果转化能力不高，即基础创新尚可，落地应用不够，尚未转化为实在的生产力。但是随着自然生态系统健康度的活力的增强和产业生态系统健康度的生产力的增进，加上元宇宙产业自身成长能力较强，发展潜力不容小觑。

自然生态系统健康度的恢复力和产业生态系统健康度的稳健性影响了元宇宙产品的发展，元宇宙产品存在着主导设计相互竞争、不确定性高等风险；而且目前核心产品种类少，加上技术限制，性能也存在着不稳定性；行业内部缺乏统一的标准体系，潜在标准相互竞争；舆论泡沫仍然存在。

自然生态系统健康度的组织结构和产业生态系统健康度的组织结构也是影响元宇宙产业的关键因素。目前，元宇产业在组织结构方面呈现核心企业尚未明确；配套投入企业数量少，与核心企业处于搜寻、协调过程；中介组织数量少、水平较低等特点。

在自然生态系统健康度的维持生态系统服务和产业生态系统健康度的服务功能上，元宇宙产业存在技术、资金、创业等相关支撑要素短缺的风险。目前，元宇宙的应用场景多为展示性的，人机交互、人人交互的应用场景相对较少，也就是说，元宇宙入口尚未成型，元宇宙的支撑技术并未达到理想化的状态。此外，政策也面临缺位风险，监管体系也急需完善。

在自然生态系统健康度的管理的选择和产业生态系统健康度的监管度方面，现有的法律和法规在元宇宙方面基本处于空白状态，虽然国家对于虚拟财产的保护和监管早已开始，如 2000 年发布的《全国人民代表大会常务委员会关于维护互联网安全的决定》、2011 年修正的《计算机信息系统安全保护条例》、2020 年发布的《最高人民法院 国家发展和改革委员会关于为新时代加快和完善社会主义市场经济体制提供司法和保障意见》等对虚拟财产进行了详细的阐述，但是就元宇宙而言，国内外暂时还没有相关法律法规出台。

就自然生态系统健康度的减少投入和产业生态系统健康度的发展性而言，目前元宇宙产业投入不够、发展性不足。作为大规模的虚拟世界与现实世界的连接入口，元宇宙的平稳运行离不开数据中心、算力中心、网络设备、通信基站等的设施支撑，而这些支撑需要庞大的能源供给，元宇宙需要更多可持续能源和储能基础设施支撑，这给未来能源结构带来挑战。此外，元宇宙产业发展需要考虑可持续发展性，资本盲目逐利非长久之计。

在自然生态系统健康度的对相邻系统的危害和产业生态系统健康度的适应性上，元宇宙产业存在产品具有独特价值，但价格较高或产品适用性受限的缺陷，若发展完善，对社会贡献程度较高，对其他产业生态系统发展具有促进作用。例如，医疗行业、工业、农业等都可与之结合，但也可能对一些传统产业造成冲击。此外，前文提到，元宇宙产业发展伴随着大规模数据中心和超算中心的建立，可能会带来能耗问题，使世界原本的资源枯竭现象更加严重。

在自然生态系统健康度的人类健康影响和产业生态系统健康度的公平性上，元宇宙产业的公平性理念还需要加强，亟须打造公平的竞争环境；而且元宇宙产业发展必须依赖于产业生态系统中各主体的相互配合与共同支撑，需要构建系统主体间合理的利益分配机制。清华大学沈阳教授团队根据对元宇宙的风险评估得出结论，当前元宇宙产业生态系统还处于亚健康状态。

综上来看，由于元宇宙产业还处于初期发展阶段，具有新兴产业的不成熟、不稳定的特征也是合理的，未来发展不仅要靠技术创新引领，而且需要制度创新（包括正式制度和非正式制度创新）共同作用，才能实现元宇宙产业健康发展。

2. 面向元宇宙企业的多维风险评估

Facebook 改名为 Meta 掀起了元宇宙的风潮。国内有不少企业也在积极布局元宇宙，百度、腾讯、阿里巴巴等互联网头部企业开始投资虚拟世界，不管是百度推出的"希壤"虚拟世界应用程序，还是字节跳动收购虚拟现实耳机制造商 Pico，都表明元宇宙的发展势不可挡。然而对于企业来说，元宇宙的发展是机遇与挑战并存的，元宇宙给企业带来巨大利润的同时，也可能带来新的风险。

元宇宙企业风险评估见图 4-5，元宇宙企业风险评估包括预期收益和潜在风险两个方面。其中，预期收益包括内容因素、传播因素、市场因素、管理因素和退出因素 5 项指标，潜在风险包括内容因素、传播因素、市场因素、管理因素 4 项指标。

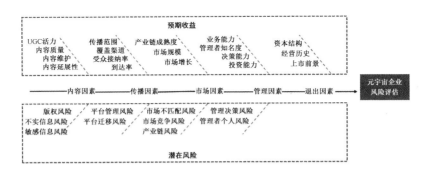

图 4-5 元宇宙企业风险评估

第一，内容因素。元宇宙企业的内容产品的预期收益受到

UGC 活力、内容质量、内容维护、内容延展性的影响。在元宇宙社会中，每个个体都能进行内容生产和数字编辑，而且依靠 XR 技术、三维场景构建，可以极大地激发 UGC 的想象力，借助区块链技术的不可伪造、全程留痕、可以追溯、公开透明等特征，也能够极大地保证内容产品的质量，进行内容维护。随着技术的不断发展，可以极大地延展内容，将内容以更多样化的形式展现出来。但是元宇宙企业能够获得预期收益的同时，也存在着版权风险、不实信息风险及敏感信息风险等潜在风险。

第二，传播因素。元宇宙作为一种集合 5G 通信、大数据、云计算、物联网、人工智能、区块链、数字孪生等新一代数字信息技术群的融合型数字媒介，在打造一个或多个平行于现实世界的虚拟世界的同时，必然发挥着赫普所提出的基础性作用，以确保现实世界、虚拟世界、人、数字具身、物、信息等要素之间的高沉浸式融合联通[1]。企业可以更好地进行传播，利用元宇宙的多维空间，其产品的容量、效率、效果及维度都可以呈爆炸式的增长，内容产品可以进行更大范围、更多覆盖渠道、高受众接纳率及高到达率的传播。但是，企业元宇宙在进行产品传播的同时，也应规避平台管理风险、平台迁移风险的潜在风险。

第三，市场因素。元宇宙世界的构建以三维模型为基础，具有深度信息的三维模型，而不仅仅是内容创设的基础，通过接口开放，与现实世界的价值链上下游打通，可以实现虚拟世界到现实世界的价值闭环。例如，在进行厂区设计时，可以直接与供应

[1] 匡野. 主流媒体视域下元宇宙多维跨维信息传播格局建构[J]. 中国编辑，2022（02）：17-22.

商平台打通。阿里的设计家平台将家具模型库里的素材与淘宝卖家打通，实现设计到采购的直接转化。这无疑为产业数据资产的开发利用带来更大潜在空间，从而实现了产业链成熟度、市场规模、市场增长的预期收益[1]。市场既可以推动发展，又可以阻碍发展，在市场的调节下，元宇宙的发展也有可能产生市场不匹配风险、市场竞争风险、产业链风险等潜在风险。

第四，管理因素。元宇宙中的企业管理与现实世界中的企业管理有细微差别，元宇宙中涉及各类数据，如 GIS 数据、BIM/CAD 建筑模型数据等时空数据，所利用的各种技术（如 XR 技术、数字孪生技术等）都可以帮助管理者研判投资、科学决策，提高企业的投资能力。元宇宙涵盖各个维度，管理者在不仅可以提高自己的业务能力，而且可以提高公司和个人的知名度，从而获得预期收益。此外，元宇宙企业进入市场，由于技术的局限和探索的初始性导致管理者做出错误的决策，影响公司的整体发展，同时也会提高管理者个人的风险。

第五，退出因素。元宇宙企业如果遭遇退场危机，企业的资本结构并不会因此有多大改变，因为元宇宙企业和其他互联网企业的资本结构并无二致，并且元宇宙企业的经营历史、上市前景也会在后续其他的市场评估中添色加彩。

3. 面向元宇宙产品的多维风险评估

目前，元宇宙产品正处于发展的初级阶段，仍面临许多发展初期的风险问题。技术发展方面，元宇宙仍存在不确定性，缺乏

---

[1] 杨燕. 元宇宙内容生态"拼图"[N]. 经济观察报，2021-12-13（019）.

实际的产品和应用场景作支撑。盲目包装概念和过度金融化可能会引发部分企业借机炒作的现象。区块链、5G 通信、人工智能、3D 引擎、VR/AR/MR、脑机接口等底层支撑技术虽已取得巨大进步，但距离元宇宙概念落地仍有较大差距。试图把现有网络、硬件终端和用户囊括这一数字虚拟系统之中，并建立完整的元宇宙生态系统，并非朝夕之功，需要大量的基础研究，甚至引发新一轮市场泡沫。例如，有的企业在知识付费项目上，把元宇宙包装成一夜暴富的机会，声称"未来只有元宇宙这一条路"，从而借机大赚一笔；有的企业与元宇宙无任何相关的实体内容，却热衷于抢注各种商标，挖空心思从元宇宙概念中分得一杯"流量羹"。如此现象，不能不警惕。

元宇宙产品风险评估见表 4-2，面向元宇宙产品的多维风险评估主要体现在供给端风险和需求端风险。供给端的风险包括内容风险、技术风险和配套机制风险。其中，内容风险指版权风险、敏感内容风险、内容产量风险和内容质量风险；技术风险指设备更新风险和功能迭代风险；配套机制风险更多强调通货与交易风险、服务区域风险、脆弱性风险、隐私保护风险、授权机制风险及沉迷风险。需求端风险主要集中在用户风险和舆论风险。其中，用户风险涵盖了用户增量风险、用户交互风险、消费转化风险及市场份额风险 4 个方面；舆论风险主要是产品口碑风险和不实信息风险。

表 4-2 元宇宙产品风险评估

一级指标	二级指标	三级指标	数据来源
供给端风险 （60%）	内容风险	版权风险	产品参数 ＋ 舆情信息
		敏感内容风险	
		内容产量风险	
		内容质量风险	
	技术风险	设备更新风险	产品参数 ＋ 舆情信息
		功能迭代风险	
	配套机制风险	通货与交易风险	
		服务区域风险	
		脆弱性风险	
		隐私保护风险	
		授权机制风险	
		沉迷风险	
需求端风险 （40%）	用户风险	用户增量风险	
		用户交互风险	
		消费转化风险	
		市场份额风险	
	舆论风险	产品口碑风险	
		不实信息风险	

元宇宙是现实世界在虚拟世界的延伸与拓展，追求跨越现实世界与虚拟世界之间的界限，有可能给现有政治结构、金融体系和人类生存模式造成前所未有的挑战，产生平台管控、经济监管、政策立法等一系列新问题。从政府角度来看，元宇宙不仅是重要的新兴产业，而且是需要受到高度重视的社会治理领域。元宇宙概念的不断探索和发展，将深刻改变现有社会组织结构和运作方式，形成虚实结合的新型生活方式，催生线上线下一体的新型社会关系，并从虚拟维度对实体经济产生影响。这就需要从全局角度前瞻考虑虚拟世界中关系重大公共利益、公共安全的社会治理和危机应对问题，以及如何防止和解决元宇宙产生的平台垄断、监管审查、数据安全、个人隐私等一系列法律问题，还需加强数字科技领域的立法。

第 5 章

热点七问

第一节　元宇宙是资本泡沫吗

随着元宇宙的不断发展，吸引不少资本入驻，元宇宙企业纷纷入场，作为互联网的下一个风口，不少人也提出了质疑，元宇宙是否为资本泡沫。有媒体表示，元宇宙概念持续火爆，多家 A 股元宇宙概念公司因股价频繁异动，甚至录得多个涨停板，收到关注函或监管函。从产业发展现实来看，目前"元宇宙"产业仍处于"社交+游戏场景应用"的奠基阶段，还远未达到生态开放、经济自治、虚实互通和全产业覆盖的理想状态。而且元宇宙的概念布局仍集中于 XR 及游戏社交领域，技术生态和内容生态都尚未成熟，场景入口也有待拓宽，理想愿景和现实发展间仍存在漫长的"去泡沫化"过程[1]。元宇宙领域各产业目前仍处于探索阶段，既需要扶持，又需要监管。概念热度可能被资本助推，但从长远发展来看，互联网符合达维多定律特征，即先进入市场的玩家将抢占超过 50%的市场份额。因此，对该领域加速研究势在必行，以便更好地引导产业发展。也就是说，元宇宙既存在资本泡沫的部分，又具有实际基础。

元宇宙构建目前存在 4 个方面的关注点。一是 XR 技术尚未

---

[1] 宋兹鹏. 元宇宙泡沫显现，是刺破还是继续？[J]. 中国商界，2021（12）：56-57.

达到人机交互的最佳形态，目前 XR（包括 VR 全虚拟、AR 虚实融合、MR 虚实交融和全息投影等多种呈现方式）技术因投入成本较大，只有少数游戏企业和头部互联网企业使用较多，而且技术的商业应用才刚刚起步，存在技术规范与标准不统一、不健全的问题。此外，当前的 XR 硬件多为娱乐级别产品，资源多为弱交互的 VR 视频，难以支持其商业活动。基于 XR 技术构建虚拟场景依靠底层数据实现虚实融合环境的创建，如果这些数据发生错误，可能给用户带来不良的体验。二是一些公司自我标榜为元宇宙公司，但产品未必名副其实。三是元宇宙是否值得投资需结合投资时间的周期性来判断，良性的发展需要投资者冷静观察，更需要监管约束。四是元宇宙是综合性的产业，需结合消费者心理、粉丝经济、商品稀缺性等因素综合考察。

虽然元宇宙产业发展只是起步阶段，还存在诸多短板，但从全球规律看，在 5G、云计算、游戏等领域具有一定竞争力的中国企业应适当向产业链其他环节延伸[1]，从平台和要素入手，遵循旧平台到新平台的升级规律，不断研发 AI、算力、虚拟人、数字产品等可跨平台使用的技术，二者相互补充，并利用开放生态的方式扩大以元宇宙为代表的下一代互联网产业链上的覆盖度，元宇宙资本就能够冲破泡沫威胁，转化为实实在在的基建。

---

[1] 山旭，冯春. 分层模型描述的"元宇宙"及下一代互联网[J]. 中国传媒科技，2022，（01）：15-18.

第二节　本土元宇宙能摆脱关键
共性问题的制约吗

元宇宙的发展技术存在短板，基建、算力等技术问题掣肘着元宇宙的进一步发展。只要后端基建稳固发展、算力显著增强、虚拟人产业全球领先、独创多款 IP 及数字孪生引擎自主化，就可以摆脱关键共性问题的制约危机。

目前，大国争先搭建元宇宙"新基建"。例如，美国以 Meta、微软、英伟达等科技企业牵头发布技术蓝图，全面推动元宇宙"政治战略"。韩国在硬件入口、后期基建、底层架构方面具备优势。韩国的科学技术和信息通信部于 2021 年 5 月发起成立"元宇宙联盟"。日本的经济产业省发布《关于虚拟空间行业未来可能性与课题的调查报告》，积极布局元宇宙。偶像经济与虚拟数字人结合方面，中国相关产业较成熟。

元宇宙是新型数字基础设施，不管是现在还是将来，都不断影响着国家技术的硬实力。目前，中国在内容与场景协同方面有优势，未来在人工智能与后端基建也存在超车可能。美国公司拥有强大的算力和成熟的基础性工具和技术（如游戏引擎、VR、AR 等）；同时，其全球生态意识、大刀阔斧的"蛙跳式"突破创新和实实在在的平台产品推进，值得中国企业学习。中国应加大核心技术的扶持力度，包括硬件设施基础建设和软件开发环境两个维度，并优先扶持强感官体验、能直接带来生产力效应的行业（如教育、工业、太空探索等领域），实现产业链的健康、快速发展。目前，腾讯、阿里巴巴、百度、网易、字节跳动、华为、中国移动、中国联通、中国电信等公司都已开始积极布局元宇宙。

第三节　普通人如何参与元宇宙发展

一、体验元宇宙

各大互联网公司、媒体、研究机构都在逐渐建立元宇宙体验中心，来访者能够亲身体验虚拟现实设备、驱动虚拟人，建立对元宇宙的感性认识。此外，一些知名品牌在虚拟平台打造旗舰店，带来集游戏、创作、定制、消费为一体的虚实联动体验。

5G 作为元宇宙发展的基础，正是我国的强项。自 5G 商用以来，中国频频跑出加速度，以超过全球 70%的 5G 基站、80%的 5G 用户领跑全球。5G 网络可为用户提供相比 4G 网络 10 倍以上的代际速率体验，使 VR/AR 产品的成像时延控制在 20 毫秒以内。打造元宇宙、支持 VR 产业发展的基础设施正逐渐完善，线上经济逐渐趋于成熟。与此同时，其市场需求在不断升温，应用场景也在不断拓展。IDC 数据显示，全球 VR 头显出货量正在提速，预计将由 2021 年的 800 万台提升至 2025 年的 2860 万台。

在 Quest 平台上百万美元收入 App 猛增，截至 2021 年 2 月，百万美元收入 App 已由 2020 的 20 款增加到 69 款，其中，16 款 App 收入超过 500 万美元（约合人民币 3267 万元）。可以说，随着基础设施渐趋完善和市场需求的快速增长，虚拟现实技术已经处于大规模商业应用的前夜，国内外企业纷纷开始布局。2020 年

5 月，苹果公司以 1 亿美元（约合人民币 6.5 亿元）收购虚拟现实公司 NextVR，以增强其在娱乐和体育领域的实力。2020 年 7 月 29 日，在 Facebook 的季度盈利数据发布后，马克·扎克伯格着重强调了"把 Facebook 转变为元宇宙公司的雄心"，并激活虚拟社区计划 Horizon。中国企业中，腾讯提出"全真互联网"概念，并通过投资 Epic Games、Roblox 等公司布局元宇宙赛道，同时加大云、游戏和短视频内容领域的投入。字节跳动此前以近 1 亿元投资元宇宙游戏开发商代码乾坤。游戏行业新势力"上海四小龙"中的米哈游、莉莉丝也开启了在元宇宙领域的探索。凭借领先的 AI 实力与多年积累，百度早在 2016 年便开始布局 VR 产业。如今，AI 技术为元宇宙 VR 产业带来无限可能，百度结合自身的 AI 能力矩阵助力产业创新，加速 AI 技术在 VR 领域的应用，AI 成为百度在元宇宙中的关键一环。

二、投资元宇宙

一些不法分子蹭热点，以"元宇宙投资项目""元宇宙链游"等名目吸收资金，涉嫌非法集资、诈骗等违法犯罪活动。对此，中国银保监会发布了关于防范以元宇宙名义进行非法集资的风险提示，主要包括以下 4 个方面。

一是编造虚假元宇宙投资项目。有的不法分子翻炒与元宇宙相关的游戏制作、人工智能、虚拟现实等概念，编造或包装名目众多的高科技投资项目，公开虚假宣传高额收益，借机吸收公众资金，具有非法集资、诈骗等违法行为特征。

二是打着元宇宙、区块链游戏的旗号进行诈骗。有的不法分子捆绑元宇宙概念，宣称"边玩游戏边赚钱""投资周期短、收益高"，诱骗参与者通过兑换虚拟币、购买游戏装备等方式投资。此类游戏具有较强迷惑性，存在卷款跑路等风险。

三是恶意炒作元宇宙房地产圈钱。有的不法分子利用元宇宙热点概念渲染虚拟房地产价格上涨预期，人为营造抢购假象，引诱进场囤积买卖，须警惕此类投机炒作风险。

四是变相以元宇宙虚拟货币非法牟利。有的不法分子号称所发虚拟币是未来"元宇宙通行货币"，诱导公众购买投资。此类虚拟货币往往是不法分子自发的空气币，主要通过操纵价格、设置提现门槛等幕后手段非法获利。

中国银保监会表示，上述活动打着元宇宙旗号，具有较大的诱惑力和较强的欺骗性，参与者易遭受财产损失。社会公众需要增强风险防范意识和识别能力，谨防上当受骗，如发现涉嫌违法犯罪线索，可向当地有关部门举报。

从投资理财的角度，可以在充分认识市场风险的前提下，谨慎购买元宇宙概念股票、基金产品；也可以根据兴趣爱好，在符合法律政策的前提下，购买品类丰富的数字藏品/NFT、虚拟资产。当下，一些厂商还推出了元宇宙联名商品，引发大众的抢购热潮。

三、劳动元宇宙

元宇宙所构建的社会场景应是真实社会的镜像，以避免虚无主义的过度抽象。在社会中，别人的人生轨迹也是个体自身的镜像性参考。从算法的角度，个体可以在元宇宙中模拟别人的人生轨迹,并通过结果获得反馈,在发展方向选择方面具有重大意义。可见,元宇宙可以让广大青少年树立正确的人生观、价值观、奋斗观。从个体发展的角度,可以体验与模拟企业家、科学家、政治家、军事家、艺术家、文学家、音乐家等人生轨迹,这些轨迹参数都是预先模型化的。青少年通过体验与模拟,能够提前发现专长方向,预先储备知识技能,实现人生价值的最大化。例如,通过"模拟市长"可以了解自身是否适合政治家职业,并了解需要哪些知识与技能储备;通过"模拟企业家"可以了解企业运行、管理知识,并了解如何通过政策改善营商环境;通过"模拟科学家"可以了解科学家必备的素养、知识、技能,使青少年早立志、立大志,同时进行针对性学习和训练,提升个人与职业的匹配度。

元宇宙既可以是真实社会的镜像,又可以是一种扭曲的、迥异的、科幻的虚拟世界,这种世界在一定程度上是被允许的。所谓虚拟世界,是指不存在于历史和现实中的、通过主观意识构建的世界。每个人都有幻想、异想天开的本能,因此,虚拟世界具有其存在的意义,可以提升个体满足感、幸福感。在技术层面,运用社会模拟、强化学习、虚拟游戏、区块链、虚拟现实等方法,就可以平行地创造多个虚拟世界。虚拟世界具有混搭风格,既有现实的映射,又有反现实的成分。虚拟世界的构建元素和灵感既可以从历史、现实中获得,又可以凭空想象和创造,具有科幻气质。例如,某个场景完全可以是汉朝的农业生产方式、宋朝的家具、元朝的瓷器、唐朝的服饰、明清的街道等。需要指出,元宇宙通过虚拟世界构建,创造出极其丰富的社会劳动场景,赋予个体大量的、接近无限的劳动机会,在很大程度上促进了个人自由、全面地发展。

在元宇宙中，每个人都可以创作和出售自己的数字作品，获取收入，部分小众、低成本的文化产品可能迎来广阔市场。未来，元宇宙会催生新的职业（如创作虚拟造型的"捏脸"师、虚拟三维艺术家、虚拟资产顾问等）。全新的工作模式下，生产活动更加灵活高效，可能会产生新的工时制度，缩短工作时间，让普通人得到更大程度的解放。

第四节　元宇宙玩家如何实现虚实平衡

元宇宙的技术底座源于现实的算力数字化表达，所谓"我思故我能"，因此，创意至关重要。而创意的灵感不仅来自虚拟世界，而且来自现实世界。当创意的重要性上升到一定高度时，元宇宙的构建必然要从现实世界的探索中汲取灵感。

元宇宙不能取代现实世界，而是现实世界映射的虚拟世界，元宇宙不能脱离现实世界而孤立存在。

生活在宇宙中的人类从此呈现 3 种形态，分别为虚拟人/数字人、半虚拟人/半数字人、现实人。人类的 3 种形态分别对应了自身在两个世界的生存状态，在现实世界中，人类以自然人的状态存在；在元宇宙中，人类则以半虚拟人/半数字人或虚拟人/数字人的形态存在。同样地，作为科技进步标志的机器人在现实世界中以实体机器人的形态存在；在元宇宙中，则以虚拟机器人的形态存在。人类与机器人在现实世界和元宇宙世界中以人机共生、人机共融、人机共创的方式和谐存在。如果说身份证和护照是现实世界中人类的身份标识，那么，NFT 则是人类在元宇宙中的数字身份标识。

人类进入元宇宙有三重境界，分别是体验元宇宙、沉浸元宇宙和融入元宇宙。人类进入元宇宙有两种途径，一种是自然人通过全息投影、触觉手套、VR 头显等进行沉浸式交互；另一种是人类以半虚拟人/半数字人、虚拟人/数字人（如 AI 虚拟主播）的数字化身份融入元宇宙,进行数字社交和数字生存。在元宇宙中,数字身份、数字永生、数字生存、数字社交、数字孪生、数字资产等都是现实世界的数字映射。人类通过移动互联网、卫星互联网和触觉互联网（技能互联网）畅游于现实世界和元宇宙之间,在虚实之中实现虚实共生和虚实共创,构筑人类数字文明新生态。沉浸于元宇宙未来人的意识活动边界得到拓展，身体也获得了解放，人们探索现实宇宙更加便利。例如，将分身载入高仿人机器人中，在 AI 的协助下，人类将能抵达更广阔的空间。不过，完全沉浸式的虚拟生存会导致过度自我、感知放纵、认同模糊、发展失衡。因此，元宇宙中的未来人也必然要回归现实世界来维持生存的稳定性。

我们的核心主旨是"人类是沉浸于元宇宙还是走向星辰大海，两者并不冲突"。现实世界是打造元宇宙的能量来源和创意来源，也为元宇宙的进一步拓展提供了创意空间。

第五节 未来元宇宙有哪些开发热点

一、基础设施建设

2021 年以来，元宇宙概念大火，但不得不说，元宇宙目前仍处于探索阶段。各大企业竞相入局，但方向似乎并不是很明确，押注方向可谓五花八门。还有不少公司一边想赶上这个风口，一边却因为看不清方向，不知道如何切入，仍在踌躇观望。

我们常说"要想富，先修路"，这是地方经济发展亘古不变的道理，基础设施建设对于一个地方发展的重要性可见一斑。一项重要技术成果的成熟应用，也离不开大量基础设施的提前布局，元宇宙的完善同样需要众多技术环节的长期建设。"巧妇难为无米之炊"，没有基础技术的铺垫，更进一步的发展便无从下手。

目前，我们已经在传输速率、算力、硬件等元宇宙的部分基础设施方面取得了一定进展。5G、芯片、云计算等技术的快速发展，为元宇宙高带宽、高算力的需求打下了基础；VR 眼镜、跑步机、手套、盔甲等硬件设施需求也已经相对齐全，甚至比电影《头号玩家》2045 年"绿洲"中的装备看起来还要酷炫[1]。纵观整个 VR 行业，目前更像是一个个割裂的子宇宙，而真正的元宇宙

---

[1] 李铭轩，曹畅，唐雄燕，等. 面向算力网络的边缘资源调度解决方案研究[J]. 数据与计算发展前沿，2020，2（04）：80-91.

将是一个全球一体化的沟通环境。想要将各子宇宙聚合成为一个真正意义上的元宇宙，需要大量 AI 技术的参与。AI 可以说是元宇宙最重要的基础设施，对于元宇宙的最终形态和融合起到决定性作用。AI 是交叉学科的集大成者，AI 加持下的硬件能极大地提升消费者的使用体验，"AI+内容"能有效地降低内容生产成本。

对于想搭上元宇宙这趟快车的企业来说，要长期大量地投入和积累成了最大的阻碍。元宇宙本就是一个多元化、开放、共享而非割裂的世界，因此需要更多人共同参与。

百度长期深耕 AI 技术，已有了深厚的积累，并呈现多元化态势。作为"百度大脑"的 AI 能力矩阵，拥有业内规模庞大的全景地图数据库及知识图谱。除此之外，百度在智能语音、自然语言处理、智能视觉等方面也保持领先。鉴于此，百度推出了元宇宙技术基石——基于"百度大脑"的百度 VR 2.0 产业化平台（以下简称"百度 VR 2.0"），该平台为 VR 产业提供"全栈式"行业场景应用开发，让企业在元宇宙中快速开辟属于自身的新"星系"；同时，提供全链路元宇宙内容生态和 AI 支撑下的元宇宙新业态。目前，百度 VR 2.0 是开源的，这无疑给那些或因技术阻碍、或因不知如何下手、或因高创作成本望而却步的公司一个上车的机会。依托百度 VR 2.0，不同需求的用户都可以在元宇宙中进行创造，形成原生、虚拟的世界，不断扩展元宇宙边际。内容作为元宇宙的具体表现形式，直接决定了元宇宙世界的"体积"，而内容的丰富程度一直以来又受制于制作成本。百度为未来元宇宙提供了一个很好的解决方案，百度 VR 2.0 让整个内容创作过程从软硬件、内容采集，到编辑，再到内容展示、消费硬件、应用场景的一项项分离的技术，往工业化的流程转变。用户不需要再花费大量的财力和时间进行内容创作，只需把一个东西放进去，按一下按钮，便能以极低的成本和时间将其呈现。随着成本的降低，内容将不再成为困扰元宇宙发展的难题，但元宇宙的运行最终还需要用户，也就是现实的我们。百度 VR 2.0 上提供了交互模块，该模块是一个基于 AI 及 VR 技术打造的虚拟空间多人互动平台，是一个包括身份认同、高度沉浸、超大时空等特征在内的长期在线多人互动元宇宙世界，该平台不仅将随时随地的多人互动变成了现实，而且极大地提升了硬件的消费体验。平台化运作模式无疑让元宇宙的基础设施变得更加完善，也让更多人能够参与进来，共同打造开放的 AI 生态，以助力元宇宙时代的到来。

二、内容生态建设

随着打造元宇宙的基础设施逐渐完善，基于现有基础设施的元宇宙雏形已经出现。元宇宙概念大多停留在游戏层面，我们可以通过游戏来理解元宇宙，但不能把游戏和元宇宙等同视之。在游戏作品方面，最接近元宇宙概念的当属 Roblox 游戏。Roblox 是兼容了虚拟世界、休闲游戏和自建内容的游戏，其中大多数作品是用户自行建立的。同时，Roblox 社区中有交易系统、等级系统和规则系统等，是一个可以自行运转的完整的体系。但元宇宙不是某一项应用，也不局限于某个场景。元宇宙是一个向人们提供可以活出另一种人生的虚拟世界，这个世界中有完整的运行体系，人们可以进行多种场景的日常活动，除游戏外，可以社交、购物、学术交流、休闲娱乐，甚至可以通过外接设备在元宇宙中切身地感受运动。元宇宙的到来将重塑整个世界的运行秩序，人与人之间的交流沟通，以及时间、空间这些障碍都将不复存在，一切死板、低效、无趣的现实也将会被新活力取代。教育将不再局限于书本和校园，我们可以随时放飞一只风筝来进行雷电实验，也可以随时进行一场虚拟手术来掌握临床技巧，任何内容的学习都将变得无比容易和高效。我们的旅游也将不再受任何限制，上一秒还在办公室的会议桌边，下一秒便可以去夏威夷的海滩。

这些看似遥远的元宇宙应用场景或许就在你身边。国网某省电力检修公司就将百度 VR 技术应用到了电力仿真培训中，学员们通过一种全沉浸、强互动、身临其境式的学习和体验模式，高效完成知识传递和技能培训。百度 VR 实训解决方案可以高度还原真实世界的视觉效果和物理特性，使操作场景和流程具有高仿真精密性，并凭借产品本身具备的大数据分析能力和人机智能引导功能，有效评估学员培训效果。在杭州诗莉莉漫戈塔·天池酒店，百度 VR 整合爱奇艺强大的影视资源，为该酒店提供了一整套"硬件+内容+运营"的特色房源解决方案。通过房内的 VR IMAX 巨幕影院可以"足不出房"享受 VR IMAX 巨幕影院和游戏互动。此外，在会议会展、党建、文旅、营销等行业场景，百度都带来了 AI 赋能下的全新元宇宙场景实践。透过这些应用场景我们发现，元宇宙早已不再局限于让人享乐的娱乐与游戏，置身元宇宙也并非让人脱离实际，反而能让人更好地接近真实场景、理解内容。现阶段，VR 技术已经有了一定的基础，其内容在不断丰富的同时，应用场景也在不断拓展，将会被越来越多的人认识和接受。

第六节　元宇宙会导致失业率骤增吗

人工智能是新一轮科技革命的关键技术和重要产业，是世界各国都在抢占的战略制高点，随着技术的深化和应用的拓展，人工智能将飞速发展。作为一种通用技术，人工智能对劳动力市场的影响可能比历次科技革命都要广泛、深刻和持久。

人工智能作为元宇宙发展的基础技术组成部分，对就业结构、就业类型、就业量等有着广泛而深远的影响。人工智能对就业具有替代效应和创造效应，但是两种效应的强弱却具有明显的空间、时间、产业结构和社会文化异质性，因此，总效应的大小和方向具有不确定性。

人工智能对就业结构具有实质性影响。从劳动者技能结构来看，高技能劳动者是人工智能时代的获益者；中低技能劳动者则会受到较大冲击，面临失业和职业转换的风险。从产业结构来看，第一产业、第二产业和第三产业的商业、物流运输业和金融业等中的许多职业潜在被替代风险较高，而以人工智能为代表的战略性新兴产业就业将增加，人工智能可能加速劳动力从第一产业、第二产业向第三产业转移。从地区结构来看，以农业和制造业为主的国家和地区受人工智能的冲击更大，经济发展迅速的新兴经济体受人工智能的影响较小。人工智能对就业结构的影响会使不同劳动者的收入发生变化，可能导致全球绝大多数国家和行业劳动力份额的下降及收入分配差距的扩大。

　　职业是社会生产方式的体现，元宇宙必然会淘汰一批工业社会的旧职业，但也会催生更多更具创造性的新职业。元宇宙将会带来新的货币生态，新机制在改变旧有产业时，也会形成新业态。在这两种趋势的合力下，元宇宙虽然会对传统职业造成挑战，但也会在危机中孕育转机，从而为元宇宙中的就业问题搭建起初步的解决模型。

第七节　元宇宙产品是怎样的

当前，元宇宙产品的设计呈现趋同的"MADE"结构，包括交易、形象、开发、体验4个部分。

M 代表 Market，即数字资产交易市场。元宇宙中典型的数字资产交易是围绕区块链进行的数字资产交易。数字资产的整个运作流程既包括对虚拟数字货币的发行，又包括整个流通系统的溯源和所有权归属与转让。目前，财产属性不明已经成为区块链数字资产交易市场发展的最大发展阻碍，通过对区块链的升级迭代，有可能将这一问题的解决落到实处，推动数字资产交易市场健康、稳定发展。

A 代表 Avatar，即用户形象定制系统。我们从"现实人"转变为"元宇宙人"，不能完全将自己的身体交由元宇宙技术进行全盘改造。元宇宙技术开发公司也本着对人主体性的尊重开通用户形象定制系统，充分发挥用户们的想象力和创造力来帮助人们进行私人订制，让不曾接触技术设计的普通用户也能通过简单的操作完成自己的形象设计，以此实现自己的身体主动性。

D 代表 Development，即开发者内容生产系统。E 代表 Experience，即用户内容体验系统。这两个系统殊途同归，无论是开发者进行内容生产，还是体验者进行内容体验，这两个方面都是整个元宇宙的生产引擎，通过开发者对数字技术、开发需求和交互动作的不断更新来完成用户体验层面的最具沉浸感、最具真实性、最具个性化的元宇宙体验。

第 6 章
未来展望

第一节　卡尔达肖夫指数：
人类文明处于 0.7 级

　　卡尔达肖夫指数（Kardashev Scale）是由苏联天文学家尼古拉·卡尔达肖夫于 1964 年提出的。该理论是基于文明对能量和空间活动的控制能力作为衡量标准，将宇宙文明分为 3 型。Ⅰ型文明对行星可以驾驭的能量大约是 10^{16}W。实际的数字是有很多变量的，地球的特定变量为 $1.74×10^{17}$W。卡尔达肖夫指数原定义为 $4×10^{12}$W。Ⅱ型文明对一个恒星所可以驾驭的能量大约是 10^{26}W。同样地，实际的数字是有很多变量的，太阳输出的指数约为 $3.86×10^{26}$W，卡尔达肖夫指数原定义为 $4×10^{26}$W。Ⅲ型文明对一个星系所驾驭的能量大约是 10^{36}W。这个数字是有极多变量的，因为星系的体积在变化中。卡尔达肖夫指数原定义为 $4×10^{37}$W。

　　简单来说，卡尔达肖夫指数Ⅰ级文明是指可以控制和利用一个星球，Ⅱ级文明是指可以控制和利用一个恒星，Ⅲ级文明是指可以控制和利用一个星系。在现阶段，上述文明类别纯为假定。但是，卡尔达肖夫指数被搜寻地外文明计划研究人员、科幻小说作家和预言家作为理论基础。之后又有科学家在此基础上做了扩展，提出了Ⅳ型文明和Ⅴ型文明。

　　Ⅳ型文明可以利用超星系团的能量，而超星系团是在宇宙的大尺度结构中，比星系团和星系群更大的结构，超星系团的直径能达到上亿光年，包含有几十万甚至上百万个相当于银河系一样的星系。Ⅴ型文明已经超越了自身起源的宇宙，可能存在于各个多元宇宙内或者更高的维度内，可以在宇宙尺度下操纵物质，相当于宇宙中的管理者。对于Ⅰ型文明而言，Ⅴ型文明如同上帝一般。在《星球大战》科幻系列中，星战世界文明使用能量的方式和总量已经远超过Ⅱ型文明标准，但其他方面则有不足，属于正在向Ⅲ型文明迈进的程度。在未来，更具想象力的Ⅵ型文明能够能控制时间、空间，升级之后的Ⅶ型文明能够能控制宇宙、创造宇宙。在今后的5000年中，将有很多事情发生，我们可能会通过战争而走向自我毁灭，或者不自觉地利用纳米技术摧毁我们的星球；也许我们会在解除这些威胁之前，因为小行星和彗星碰撞地球而走向灭亡；甚至我们可能在达到Ⅱ型文明之前就遭遇到超越我们文明发展水平的外来文明的侵袭，而这一切犹未可知。

第二节 信效等级：人类文明处于 2.1 级

清华大学新闻传播学院沈阳教授团队提出了信效等级（见图 6-1），该分级基于人类技术使用能力和效果进行划分。在该分类标准下，人类文明正处于 2.1 级。

- 1级：【语言】利用语言、文字等基础形式构建知识空间和文学想象世界
- 2级：【计算机】使用计算机自动化运算设备构建虚拟世界
- 3级：【人造】自然人通过计算机等设备构建元宇宙
- 4级：【智悟】AI技术能够自行构建元宇宙中的子元宇宙
- 5级：【返实】AI技术能够由虚返实，改造现实宇宙
- 6级：【求真】自然人与AI技术共同探索完现实宇宙
- 7级：【升维】自然人与AI技术共同探索现实宇宙外更高维的宇宙

图 6-1 信效等级

1 级文明以语言为文明底座，利用语言、文字等基础形式构建知识空间和文学想象世界。1 级文明就是我们已经经历过的前计算机时代，从人类发明语言文字到计算机真正问世的这一阶段便是信效等级描述下的语言文明阶段（1 级文明）。

2 级文明的到来是计算机的发明走入人们的世界，伴随着强大的算力基础和设备享用，人们开始使用计算机自动化运算设备构建虚拟世界，2 级文明是人类当下正在经历的主要文明。随着 5G 和移动互联网技术的发展，计算机文明（2 级文明）也实现了

从 2G 时代到 5G 时代的攀升，并且在提速降费的政策引导下，每一个人走进计算机文明的机会都得到了最大限度地开放。

3 级文明及其以后的文明则开始插上了想象的翅膀，之所以称其为想象，是因为目前我们并没有达到这一层级的文明，但是这并不意味着这些想象是子虚乌有的。关于信效等级中上层文明的想象，建立在文明递推和科技发展的扎实基础之上。

3 级文明为人造文明，该文明已经摆脱了物质世界的桎梏，由自然人通过计算机等设备开始构建虚实结合的新世界（元宇宙）。不过，现阶段的人类文明还只处于 2.1 级，从元宇宙概念横空出世到现在各家互联网公司和技术公司纷纷入局，元宇宙时代刚刚开启，距离真正打造一个庞大且功能齐全的元宇宙还有很长的路要走。

4 级文明则是在 3 级文明基础上生发和扩展的，在 4 级文明中，AI 技术能够自行构建元宇宙中的子元宇宙，是对 3 级文明的一个升级与回应。

5 级文明同样以 AI 技术为主要技术支撑，不过 5 级文明已经不再局限于虚实结合，而是用虚拟力量开始改造现实世界，AI 技术能够由虚返实，改造现实宇宙。

6 级文明是 5 级文明的延续和发展，以求真为核心诉求，致力于让自然人和 AI 技术共同探索现实宇宙,实现人机更高维度的合作愿景。

7 级文明有了明显的升维，自然人与 AI 技术已经不满足于往返穿梭于元宇宙和现实世界，他们将经过更高层级和合作，共同探索现实宇宙外更高维的宇宙。

第三节 "数字永生"的美好愿景与现实局限

人机融生的终极形态是实现"数字永生",但"数字永生"并不意味着脑永生,也与我们常规理解的永生有着天壤之别。当前所强调的"数字永生"是指以强大的人工智能与算力作为支撑,以及现实和人脑镜像在虚拟世界分辨率足够高的情况下,将个体生命意识进行大规模的数据存储(低分辨率永生)。不过关于"数字永生"也面临着很多人伦方面的争议,这种争议并不因元宇宙的诞生而出现。在人类历史发展的长河中,机器的类人化、人脑意识的传输、基因工程的复制粘贴,每一个类人属性的生成和发展都面临来自四面八方的社会追问。在元宇宙时代,人们也会追问"数字永生"后是否应视作独立个体,以及"数字永生"是否会造成元宇宙人口膨胀和社会结构固化?这些关乎着人类主体性和尊严性的各种问题,目前还没有准确的回复。

另一个需要关注的领域是关于机器人和虚拟人领域。机器人、虚拟人由自然人衍生,但是否能拥有意识后又相对独立于自然人?关于这一问题的隐忧,学界一直在研究的"机器人人格"问题或许给了我们一个解释的方向。以机器人微软小冰为例,这种聊天类社交机器人在与人类用户进行对话时折射出的某种特定类型的"机器人人格"是他们独立于自然人的一个显著标志。人与人之间的交流是有感情色彩的,不断发展中的情感计算技术正在赋予机器人跟自然人一样的能力，使人机交流过程也充满感情色彩。"镜中我"理论认为"人们彼此都是一面镜子，映照着对方"，传播是"镜中我"形成过程中的关键要素[1]，人的自我认识通常是通过与他人的社会互动形成的。简而言之，人类自身的人格特征可以通过情感表达反映出来，微软小冰等聊天类社交机器人在与人类进行对话并表达情感的同时，也折射"机器人人格"，或者说展现某种特定的人格化特点，正如"镜中我"理论名称本身的隐喻。之前我们将实现低分辨率永生作为研究的起点，更高维度的全分辨率永生要求在确保意识唯一性的前提下，实现大脑意识的全量拷贝、实时化保真传输、全量储存。全分辨率永生可能会实现，也可能实现不了，让我们继续猜想。

---

[1] 陈力丹. 人际传播研究的特点与主要理论[J]. 东南传播，2015（10）：48-50.

第四节　创建元宇宙的三大原则

创建元宇宙的三大原则分别为算力最小原则、极限满足原则和 0BUG 被发现原则。

算力最小原则即在一个业务的诸多实现方案中优先选择计算量最小的方案。换言之，算力最小原则即劳动最少原则，用最小的劳动量换取最稳定的产出。目前，针对算力的定义一直没有一个通用的标准。2018 年诺贝尔奖获得者 William D.Nordhaus 在《计算过程》一文中，将算力定义为设备根据内部状态的改变，每秒可处理的信息数据量。根据运行智能算法和数据类型的不同，算力可分为逻辑运算能力、并行计算能力和神经网络计算能力。其中，逻辑运算能力即处理器每秒能处理的次数，并行计算能力即处理如图形图像等数据类型统一的一种高效计算能力，神经网络计算能力即用来对机器学习、神经网络等进行加速的计算能力[1]。算力的形态包括智能终端、群智感知、车联网、物联网、边缘计算、超算 DC 等各个层次。关于算力层级的使用标准，则包括在基础设施层面的端设备和边缘设备，由端节点、边缘计算节点及云计算融合超算平台组成的算力资源池也是核查算力资源的一个

---

[1] 狄筝，曹一凡，仇超，等．新型算力网络架构及其应用案例分析 [J/OL]．计算机应用，2022（02）：1-7.

重要标准。算力执行是一个庞大的体系，既有计算类的考核指标，又有网络类的考核指标，还有费用类的考核指标，唯有将各类指标通过技术进化实现普惠共赢，才能真正实现算力最小原则。

极限满足原则是指一项技术发展到满足人的极限值后，研发动力将急剧下降。0BUG 被发现原则是指尽可能不让元宇宙用户感知到软件 BUG 的存在，否则将大大削弱其在虚拟环境中的沉浸感。极限满足原则和 0BUG 被发现原则的相同点是以人的需求为核心。

算力最小原则是为了最大限度地实现效率层面的建设目标，而极限满足原则和 0BUG 被发现原则则是为了提高使用者的使用感受，为了追求人们的沉浸感和在场感，需要不断将产品和设备进行体验升级，当对于视觉的体验已经达到极限值后，就会转而去研发关于听觉、触觉甚至味觉的机器设备，以力求将人的五感和全身体验感成功"拉满"。0BUG 被发现原则则成为底线原则，既然元宇宙的建构目标是虚实相融甚至虚实弥合，那么，基本的体验感和沉浸感则是基础要求。只有这样，才能打好元宇宙技术底座的根基，毕竟确保不出错是建立虚拟世界最底线和最不可忽略的一个原则。

第五节　未来数十年跳跃性的技术变化

目前，关于元宇宙的建设正如火如荼地进行，无论是国家层面，还是企业层面，抑或是个人层面，都与其建设有着千丝万缕的关系。这也意味着，元宇宙的建设规划必须在宏观、中观、微观各个层级均有涉猎且全面铺设。

星链（Starlink，见图 6-2）是美国太空探索技术公司的一个项目。该公司计划于 2019—2024 年在太空搭建由约 1.2 万颗卫星组成的"星链"网络提供互联网服务，其中 1584 颗将部署在地球上空 550km 处的近地轨道，并于 2020 年开始工作。星链计划中，SpaceX 计划推出提供覆盖全球的高速互联网接入服务。与之相对应的是中国全力研发的鸿雁全球卫星星座通信系统。鸿雁全球卫星星座通信系统是中国航天科技集团计划建成的项目，该系统由 300 颗低轨道小卫星及全球数据业务处理中心组成，具有全天候、全时段及在复杂地形条件下的实时双向通信能力，可为用户提供全球实时数据通信和综合信息服务。中国对于鸿雁全球卫星星座通信系统的建设规划是于 2023 年建成骨干星座系统，于 2025 年前全面建成。科技力量的竞逐还远远不止于此，中美两国在未来数十年将会完成新一轮的通信全球化。不仅是全球，而且可能是现实宇宙和元宇宙的通信竞逐大战也将拉开帷幕。

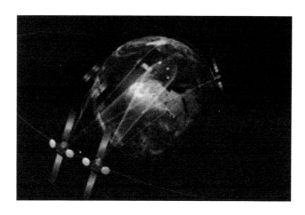

图 6-2 星链

在经济方面,中国人民银行也将在 2022 年稳妥有序地推进数字人民币试点工作,保证国家宏观层面对虚拟世界经济的护卫功能和促进其健康发展的导向作用。互联网头部公司和潮牌公司可能发行虚拟货币便于网民全球消费,让全世界通行的虚拟货币体系成为和现实货币体系并行的另一个资金流通体系。

在机器人发展方面,我们需要明确的是,中国机器人领域近年来发展迅速,未来将实现机器人的全面部署。美国于 2022 年上市 Tesla Bot 人形机器人,在同年 2 月举行的特斯拉 AI 日上,特斯拉介绍了在人工智能领域取得的进展。特斯拉当天还宣布推出人工智能训练 Dojo D1 芯片,特斯拉称,Dojo 训练电脑是世界上最强大的人工学习机器之一,使用 7nm 芯片驱动 50 万个训练单元搭建在一起,能够实现每秒千万亿次浮点运算(1000 peta FLOPS)。中国在机器人行业的竞逐还有很长的路要走,也有很多的技术需要超越。

未来 10 年将迎来人类未有之大变局,以中国为代表的中式全球化元宇宙和以欧美为代表的欧式全球化元宇宙将成为之后元宇宙发展研究的两条重要路径。以 SpaceX 为代表所创建的"地球月球火星元宇宙"则超越了我们的生存空间，生发到另一个宇宙中的行星，带来不同行星间元宇宙发展事业的超级联动。宇宙的奇点在此刻有了崭新的想象，从人类中心论到人机中心论，这不是技术对人类的攻陷，而是伴随着人类大规模的虚拟化自然而然的结果。当生物技术开始大幅延长人类寿命，当量子计算突破性提升算力，当核聚变初步解决能源问题，这些曾经棘手且难以攻克的难关成为新宇宙的生存根基，将带领人类向更高的宇宙维度跨越。